人文社会科学类学术丛书

经济福利：
理论分析与中国实证研究

吴亮 著

WUHAN UNIVERSITY PRESS

武汉大学出版社

图书在版编目(CIP)数据

经济福利:理论分析与中国实证研究/吴亮著.—武汉:武汉大学出版社,2024.5(2025.7重印)
人文社会科学类学术丛书
ISBN 978-7-307-21295-4

Ⅰ.经… Ⅱ.吴… Ⅲ.中国经济—经济发展—社会福利—研究
Ⅳ.F124

中国国家版本馆 CIP 数据核字(2024)第 050616 号

责任编辑:范绪泉　　　责任校对:鄢春梅　　　版式设计:马　佳

出版发行:**武汉大学出版社**　　(430072　武昌　珞珈山)
(电子邮箱:cbs22@whu.edu.cn 网址:www.wdp.com.cn)
印刷:湖北云景数字印刷有限公司
开本:720×1000　1/16　印张:9.25　字数:164 千字　　插页:1
版次:2024 年 5 月第 1 版　　2025 年 7 月第 2 次印刷
ISBN 978-7-307-21295-4　　定价:45.00 元

前　言

改革开放以来，伴随着中国经济持续蓬勃的发展，与之相适应的经济福利水平却未能同步提升。这一现象引发了学者们对经济福利与经济增长关系的深入思考。本研究通过理论分析和对中国经济实际情况的实证研究，旨在解析这一现象产生的原因和机制。在理论层面，通过回顾福利经济学的发展历程，系统阐述了福利核算的对象和方法，提出了经济福利的多维度评价体系。在实证研究方面，采用文献分析法、数理经济分析以及定性与定量分析相结合的方法，深入研究了1998年至2020年中国经济福利的演变历程。

研究发现，尽管中国的经济总量持续增加，但经济福利的提升速度相对滞后。特别是在2001年至2010年、2012年至2015年和2016年至2020年等阶段，经济增长与经济福利之间的关系出现差距扩大的趋势。这可能涉及收入分配不均衡、资源环境破坏、社会保障体系不完善等多个方面。特别是在经济高速增长的同时，一些社会问题的积累可能导致经济福利的提升滞后于经济增长。

为解决这一问题，本研究提出了一系列宏观层面和微观层面的建议。在宏观层面，建议聚焦公平与可持续发展，包括优化收入分配、全面落实可持续发展观等。在微观层面，建议从多个角度提升个体经济福利，包括优化教育体系、推动社会公平、制定合理的房贷政策等。通过本研究，期望为深化对中国经济福利状况的认识提供理论和实证支持，为未来政策制定和改进提供有益参考。

目 录

第一章 导 论

自改革开放以来，中国经济发展取得巨大进步，国民收入总量和人均收入水平迅速提升。然而，随着经济繁荣，人们的物质生活水平提高也带来了一系列新的挑战。居民之间的收入差距不断扩大，社会面临着日益增加的压力。生存成本急剧上升，竞争激烈，环境逐渐恶化，生态危机等问题逐渐显现。这些挑战提醒我们需要更加全面地审视经济发展与福利水平之间的关系，以促进全社会的可持续发展和繁荣复兴。

一、选题背景与意义

（一）选题背景

自 1978 年实施"以经济建设为中心"的发展战略以来，中国经济步入了迅猛发展阶段，创造了世界瞩目的"中国奇迹"。国内生产总值（Gross Domestic Product，GDP）和人均收入都经历了快速增长，使中国成为全球第二大经济体，并成功晋升为中等收入国家。在 1979 年到 2022 年的时间跨度内，中国的 GDP 从 1979 年的 4067.67 亿元飙升至 2022 年的 1210207 亿元，年均增长率接近 10%。与此同时，人均 GDP 从 1979 年的 381 元迅速增加到 2022 年的 85698 元①。在一些发达地区，如上海、深圳等，人均 GDP 甚至已经达到了世界高收入国家的平均水平。这一演变不仅仅是数字上的增长，更代表着中国在全球经济舞台上崭露头角。中国经济的腾飞为国家现代化建设和人民生活水平的提高提供了坚实基础。经过多年的努力，中国已不仅仅成为一个经济大国，更是在科技、教育、文化等多个领域取得了显著进步。

经济的飞速增长使得社会中流通的商品和劳务大幅度增加，人们的选择性也随之扩大，物质生活也变得更加富足。与此同时，通过长期不懈探索和发

---

① 根据中华人民共和国国家统计局公布的资料整理而得。

展，中国的社会福利体系取得了显著的进步。从企业工人新养老金制度、最低生活保障制度，到五险一金的设立，再到医疗改革、大病保险、精准扶贫等政策的实施，中国的社会保障制度结构不断得到完善(详见表 1.1)。在养老金制度方面，企业工人新的养老金制度为广大职工提供了更为可靠和可持续的养老保障。最低生活保障制度为贫困人口提供了基本的生活保障，助力社会各阶层实现更加平等的生活水平。五险一金的设立使得员工不仅在工作期间能够享受各项福利，退休后也可得到相应的保障，为广大劳动者创造了更加安心的就业环境。在医疗方面，中国进行了医疗改革和实施大病保险制度，为居民提供了更加全面和贴心的医疗保障。同时，精准扶贫政策的实施也使得贫困地区的居民能够更好地享受到社会福利的红利，逐步脱离贫困生活。这些社会福利政策的不断完善和国家对社保制度的持续投入，使得管理服务日益规范，居民基本生活需求得到了更为充分的维护和保障。然而，长期以来，居民的可支配收入大幅度落后于 GDP 的增长速度，社会保障和福利制度不完善，以及贫富差距扩大等因素的影响制约着中国居民消费需求的增长。考虑到中国市场化改革的影响，居民新增项目支出增多，居民实际增加的福利非常有限。医疗、养老、教育等制度改革造成未来发展的不确定性，以及物价上涨、制度的稳定性不足都让中国居民无法产生稳定的预期，内部需求无法调动起来。

表 1.1　　　　　　　　　中国的社会福利体系的变迁

日　期	具体内容	备　注
1984 年 1 月	开始建立城镇企业职工养老金制度	实行现收现付的企业(单位)养老制，在性质上仍属于"企业保险"
1993 年 6 月	最低生活保障制度正式建立	上海首创，标准为 120 元/月
1997 年 7 月	国务院出台《关于建立统一的企业职工基本养老保险制度的决定》，确定向社会统筹与个人账户相结合的基本养老保险转变	统一城镇职工养老保险：统一标准、统一制度、统一管理、统一调度
1998 年 1 月	确立五险一金制度	养老保险、医疗保险、失业保险、工伤保险和生育保险，及住房公积金
2009 年 4 月	新医改旨在改善民生，解决"看病难、看病贵"等问题	改革基本医疗保障体系、基本医疗服务体系、基本药物制度、基本公共卫生服务以及对公立医院实施改革等内容

日　期	具体内容	备　注
2012 年 8 月	国务院六部门下发的《关于开展城乡居民大病保险工作的指导意见》试点大病保险制度	医保体系建设向解决"因病致贫、因病返贫"转折
2013 年 11 月	中共中央总书记习近平在湖南湘西花垣县十八洞村考察时提出"精准扶贫"理念	扶贫救济从"大水漫灌"转向"精准滴灌"

资料来源：根据中华人民共和国中央政府、国务院扶贫办等网站公布的资料整理。

根据国际通用的衡量贫富差距标准的基尼系数，中国居民个人收入的基尼系数从 1979 年的 0.24 上涨到 2014 年的 0.465[①]，凸显出中国社会贫富分化严重，且伴随经济增长进一步扩大的趋势。这种贫富分化在不同地域、不同行业和城乡方面表现出鲜明差距。全球基尼系数排行榜显示，贫富差距较低的国家通常是福利较高的发达国家，而贫富差距较大的国家则往往是福利不足的不发达国家。如根据 CIA 发布的全球基尼系数排行榜[②]，全球基尼系数最低的 5 个国家分别是：丹麦 0.247，日本 0.249，瑞典 0.25，捷克 0.254，挪威 0.258；而全球基尼系数最高的 5 个国家则是：纳米比亚 0.743，莱索托 0.632，塞拉利昂 0.629，中非 0.613。这引发一系列问题：经济增长是否确实能够提高经济福利？福利水平的提升是否有助于促进消费增长和实现收入的合理公平分配？这些问题凸显了在发展经济的同时，必须着眼于建设更加完善的社会保障和福利制度，以确保经济增长能够真正惠及广大居民，促进社会的公平正义与持续稳定的发展。

另一方面，随着经济蓬勃增长，我们不可忽视的挑战之一是急剧的资源消耗。工业化和城市化的快速推进导致对土地、水源、矿产等自然资源的过度开采，使得这些宝贵资源面临着日益严峻的枯竭风险。然而，资源消耗问题不仅仅局限于数量上的减少，更为深刻的是对环境造成的严重负面影响。工业生产和能源利用的过程中释放出的大量污染物对环境产生直接威胁。空气污染导致呼吸系统疾病激增，水体污染威胁水生生物的生存，土壤污染直接影响了农作物品质和整个生态系统的平衡。这些环境问题不仅直接影响人类的生存和健

---

① 根据中华人民共和国国家统计局公布的资料整理而得。

② 根据世界银行公布的资料整理而得。

康，也威胁着整个生态系统的稳定性，进而对社会福利和可持续发展带来直接且深远的负面效应。面对这一挑战，学者们开始思考传统经济指标的不足。传统观念认为，经济的增长将自然而然地带动民生福利的改善。然而，将国民收入作为主要指标核算社会发展和福利的水平存在一定的缺陷。例如，多年来进行了几次方法论修订，2014 年，联合国标准化了在欧洲联盟 GDP 计算中包括卖淫和毒品的做法。Daly① 指出，当前经济发展中存在多个严重的异常现象。因此，他主张提醒政府当局避免重蹈重商主义覆辙，不应盲目追求可能并不值得最大化的 GDP。GDP 作为衡量居民经济福利增长的主要依据，未能全面考虑产出的增加在社会内部分配的公平途径②。分配不均导致的贫富差距扩大使得社会福利的提升，难以公平地惠及所有社会成员，尤其是弱势群体③。除此之外，GDP 未包含家庭劳动的贡献，忽略了家庭成员在照顾家庭成员、教育子女等方面所做出的实际努力④。家庭劳动是社会经济运转的基石，然而这一巨大贡献未能在传统经济指标中体现。此外，GDP 也未能充分核算防护性支出以及自然资本与人造资本的价值变化。这些因素的忽略使得我们对经济福利的全面理解存在欠缺。

1968 年，美国参议员罗伯特·肯尼迪（Robert Kennedy）在堪萨斯大学发表的令人难忘的演讲中，警告称 GDP 衡量了一切——除了那些让生活变得有价值的东西。GDP"计算空气污染和香烟广告，以及用救护车清理我们的公路上的惨剧。它计算为我们的门特制的锁和为打破它们的人建造的监狱。它计算红木的毁灭和我们自然奇观的混乱蔓延。它计算凝固汽油和核弹头以及为了对抗我们城市骚乱而给警察提供的装甲车。它计算惠特曼的步枪和斯佩克的刀，以及那些为了向我们的孩子销售玩具而美化暴力的电视节目。然而，GDP 不考虑我们儿童的健康，他们教育的质量或他们游戏的乐趣。它不包括我们诗歌的美丽或我们婚姻的坚固，我们公共辩论的智慧或我们公共官员的正直。它既不衡量我们的机智，也不衡量我们的勇气；既不衡量我们的智慧，也不衡量我们的学识；既不衡量我们的同情心，也不衡量我们对国家的忠诚。简而言之，它

---

① Daly H. Beyond Economic Growth：The Economics of Sustainable Development［M］. Boston：Beacon Press，1996.

② Coyle D. Modernising Economic Statistics：Why It Matters［J］. National Institute Economic Review，2015，234（11）：F4-F8.

③ 刘尚希. 共同富裕与人的发展：中国的逻辑与选择［M］. 北京：人民日报出版社，2022.

④ 黛安·科伊尔. 重新考虑国内生产总值［J］. 金融与发展，2017（3）：16-19.

衡量一切，除了那些使生活变得有价值的东西。"几年后，诺德豪斯和托宾强调，在 20 世纪 60 年代，GDP 的增长已经在经济、政治和社会中占主导地位。正如他们 1972 年在《增长是否已经过时?》一书中曾写道："十多年前，经济增长是政治经济学的主流。它同时是经济理论和研究的最热门主题，是各色政治家热衷宣称的口号，也是政府政策的一个严肃目标。"①

尽管库兹涅茨、肯尼迪等专家学者对 GDP 的缺陷提出了警告，但 GDP 在今天仍然被广泛用作媒体、决策者和经济学家衡量社会福祉的指标，这可能导致了世界上的"最大信息失灵"②。根据 Van den Bergh 的观点，理解这个"GDP 悖论"的关键在于认识到许多经济学家虽然接受了对 GDP 的批评，但却否认其相关性。GDP 是一个有缺陷的福祉指标，因为它忽略了福祉的重要性，而且它不区分经济活动的"好"和"坏"。休闲、无偿工作、护理工作、家务工作和志愿工作都没有被计算在内。此外，GDP 和人均 GDP 并不提供有关收入分配的信息。此外，河流三角洲中塑料颗粒的清理成本在 GDP 中会被正式计入，而森林从 GDP 的角度看仅在被砍伐时才有价值。最后，GDP 未能考虑环境退化和污染等负外部性所带来的成本。基于此，许多替代指标和方法已被提出，以衡量幸福、福祉和可持续性的概念，例如生活满意度、等值收入、环境调整净国内生产总值、真实储蓄、综合财富指数、复合指标和生态足迹。从 20 世纪 70 年代开始，经济福祉指标(Economic Welfare Measures，EWM)应运而生，以弥补将 GDP 用作福祉衡量指标时的缺陷。这些替代方案的例子包括诺德豪斯和托宾的经济福祉测度③、佐洛塔斯的经济福祉经济指数④。

Daly 和 Cobb⑤ 提出了可持续经济福利指数(Index of Sustainable Economic Welfare，ISLE)，该指数以消费为起点，综合考虑了环境和分配因素，为评估

---

① Nordhaus W D, Tobin J. Is Growth Obsolete? [M]. New York：Columbia University Press，1972.

② Van den Bergh J C. The GDP paradox[J]. Journal of Economic Psychology，2009，30 (2)：117-135.

③ Nordhaus W D, Tobin J. Is Growth Obsolete? [M]. New York：Columbia University Press，1972.

④ Zolotas X. Economic Growth and Declining Social Welfare[M]. New York：New York University Press，1981.

⑤ Daly H, Cobb J. For the Common Good：Redirecting the Economy toward Community, the Environment, and a Sustainable Future[M]. Boston：Beacon Press，1989.

经济发展的综合效益提供了一个更全面的视角。与此同时，为深化环境与经济之间的联系，在 2003 年，联合国、欧盟委员会、世界银行、经合组织以及国际货币基金组织联合推出了综合环境经济核算体系（System of Integrated Environmental and Economic Accounting，SEEA）①。该体系的核心指标是绿色 GDP，全面反映了环境和经济之间的紧密关系。在国际层面，综合环境经济核算体系的推出彰显了对可持续发展理念的日益强调，旨在更全面地评估经济活动对环境的潜在影响②。我国也于 2004 年首次对环境污染福利损失进行了核算，将环境污染和自然资源损耗纳入 GDP 的考量范围，这是中国对环境与经济关系进行更全面衡量的重要举措③。然而，这一核算仍未充分考虑到社会因素对福利的影响，使得我们对经济效益的全面认知仍有待深化。在这一背景下，我们需要审视以经济增长为目标的发展模式是否仍然可取。尽管经济增长被广泛认为是提高经济福利的有效手段，但其是否能够全面带动经济福利的提高仍值得深思。经济增长是否能够充分解决环境问题、缩小社会福利差距，以及提高居民生活水平，仍然存在争议④⑤。

在国际范围内，经济福利一直是经济学领域备受瞩目的热门话题，吸引了众多著名经济学家从各个角度提出相关理论。然而，我国过去长期实行计划经济体制，福利制度建设相对较晚，导致我国对福利经济相关理论的研究相对较为匮乏。在这一背景下，借鉴西方国家的福利经济学相关理论，对经济增长与福利经济之间的关系进行研究具有重要意义。其中，关注福利水平提高是否能够促进资源更公平的分配、实现经济更加平等的问题，成为备受关注的议题。这种研究有助于了解福利经济对社会整体的影响，还能够为我国当前和未来福

---

① United Nations, European Commission, International Monetary Fund, Organization for Economic Co-operation and Development, World Bank. Integrated Environmental and Economic Accounting 2003 [R/OL]. https：//unstats. un. org/unsd/environment/seea2003. pdf, 2023-04-18.

② 联合国. 2012 年环境经济核算体系中心框架[M/OL]. https：//unstats. un. org/unsd/envaccounting/seearev/CF_trans/SEEA_CF_Final_ch. pdf,2023-04-18.

③ 国家环保总局. 环保总局国家统计局发布绿色国民经济核算研究成果[R/OL]. https：//www. mee. gov. cn/gkml/sthjbgw/qt/200910/t20091023_180018. htm,2023-04-18.

④ Costanza R, et al. The Value of the World's Ecosystem Services and Natural Capital[J]. Nature, 1997, 387(6630)：253-260.

⑤ Easterlin R A. Does Economic Growth Improve the Human Lot? Some Empirical Evidence [J]. In Nations and Households in Economic Growth：Essays in Honor of Moses Abramovitz, 1974：89-125.

利制度的持续发展提供有益的启示。

在我国，随着社会的发展和变革，对福利经济的研究逐渐崭露头角。深入剖析中国福利制度的可持续性是当前亟须解决的问题之一。通过借鉴国外经济福利的经验和理论，我们可以更全面地审视我国福利制度的现状，评估其对经济增长、资源分配和社会平等的影响，以期找到更加科学和可行的路径，确保福利制度能够持续地满足社会的需求，并在经济增长的同时实现更好的社会公平。这一拓展研究不仅有助于提升学术研究水平，也能够为政策制定提供有力支持，推动我国福利制度的进一步完善和可持续发展。

（二）研究意义

在 20 世纪 70 年代以前，经济学家们通常以一种简化的方式进行假设，即产出的增加将同等程度地提高居民的经济福利。因此，他们经常使用国内生产总值来反映居民的经济福利状况。然而，这种假设受到了经济学家威廉·诺德豪斯（William Nordhaus）的质疑。诺德豪斯认为，国民收入与经济福利是两个不同的概念范畴，对于衡量和理解居民的真实福祉，简单地依赖 GDP 可能是不足够的。威廉·诺德豪斯的观点挑战了过去对经济福利的过于简化的看法，强调了国民收入与经济福利之间的区别。他指出仅仅依赖生产总值等宏观经济指标并不能全面准确地反映居民的生活质量。他的观点引导研究者们更加关注个体福祉、社会公平和环境可持续性等更为全面的指标，以更准确地评估和衡量经济福利的多个方面。这一转变表明了对于经济福利理解的深化，不再仅仅满足于国民收入这一宏观经济指标，而更注重综合考量各个方面的因素，以更全面地把握居民的福祉。

福利问题是经济学中至关重要且居于基础地位的议题，涵盖了大量的定性分析和众多实证研究。一系列著名经济学家，如庇古、罗默、卢卡斯、森等，长期专注于关注和深入研究福利经济，积累了令人瞩目的研究成果。这些成果不仅为解决贫困、实现可持续发展等社会问题研究提供了重要的理论支持，也对福利经济学的发展起到了推动作用。然而，仅仅依赖国内生产总值来衡量经济福利的发展水平存在较大的不足。当前，学术界涌现了众多关于修正国内生产总值的理念，并提出了多种替代 GDP 的经济福利指标，如社会进步指数（Social Progress Index，SPI）、可持续发展指数（Sustainable Development Index，SDI）、美好生活指数（OECD Better Life Index，OBLX）、绿色国民生产总值（Green Gross Domestic Product，GEGDP）等。这些指标反映了学术界对经济福利测量方法的不断探索和完善，以期更全面、准确地反映居民的生活状况和社会的繁荣程度。新兴的经济福利指标旨在弥补过去简单依赖国内生产总值的不足，使经济福利研究更具深度和广度。这些指标可能包括但不限于社会资本的测度、环境可持续性的评估、个体生活满意度的调查等。通过引入这些综合因素，研究者们试图更全面地了解社会的整体福祉，以更好地指导公共政策的制定。然而，尽管许多学者和研究机构已提出多种经济福利水平的衡量指标，并在多个方面对国内生产总值作为经济福利指标的不足进行了修正和完善，但现有福利指标中依然存在一些问题，如所选指标未能充分考虑主体的特殊性，缺乏坚实的理论支撑等。因此，本研究具有以下重要性：

（1）经济增长与福利增长的相关性分析：利用我国经济建设的经验，深入分析经济增长与福利增长之间是否存在正相关关系，同时检验"生态门槛假设"，为深化对经济与福利关系的认识提供实证支持。

（2）经济福利理论框架的拓展与深化：通过深入研究经济福利，有助于拓展和深化其理论框架，使其更好地适应当代社会的需求和挑战。通过引入新的视角和元素，为福利经济学的发展注入新的活力。

（3）为政策制定提供科学建议：深入研究经济福利，为政策制定提供更为科学和全面的建议，促进社会制度和政策的不断优化，实现更加公平和可持续的发展。通过考虑经济福利的多维度因素，为政策的科学决策提供有力的支持。

二、福利与经济福利的内涵

在开始对经济福利理论进行深入研究之前，有必要首先明晰福利和经济福利的不同内涵。

（一）福利的内涵

福利（welfare）一词的构成源于英文单词"well"（好的；令人满意的；适宜的）和"fare"（生活、进展、遭遇）。根据彭大松①的解释，welfare 可被翻译为"美好的生活"，或者"令人满意的生活或进展"，亦可理解为"适宜的生活"。不同国家和地区由于发展水平、文化传统和社会价值观的差异，对福利的理解和实践存在显著的差异。以北欧国家如挪威、瑞典、芬兰为代表的高福利、高

---

① 彭大松. 农村劳动力流动对家庭福利的影响[J]. 南京人口管理干部学院学报，2012，28（2）：31-37，42.

税收国家，注重的是提供高品质福利的享受，旨在确保全体公民在医疗、教育和社会安全方面享有平等的权益，以实现社会的整体繁荣。相比之下，德国、日本、法国等国更侧重于社会福利的保障性功能。这意味着建立一套完备的社会保障体系，包括失业保险、社会救济等，以减轻个体面临的生活风险，保障每个人在面对困境时能够得到必要的支持。而在英国、美国、加拿大等国，强调福利私有化供给的实现，这意味着一些福利服务可能由私营部门提供，政府更侧重于为市场提供规则和框架，鼓励市场的竞争和创新①。

"福利"二字，在中国也是古已有之，并非舶来品。福利有广义和狭义之分，但其核心是指幸福利益。在东汉末年，哲学家仲长统在批评时政的文章《昌言·理乱》中，就有关于"是使奸人擅无穷之福利，而善士挂不赦之罪辜"②的论述。唐代文学家韩愈在《与孟尚书书》中也提道："何有去圣人之道，舍先王之法，而从夷狄之教，以求福利也！"③瞿秋白在《文艺杂著·欧文的新社会》中也表达了："工人应当用别一种方法达到自己的福利，建设人类将来最光明的新社会。"④从这些语境中可以看出，这里的"福利"一词涵盖了幸福和利益的双重含义。值得注意的是，1979年版的《辞海》并没有收录这一词条，可能是因为在当时这个词并不常见，还未引起广泛关注。然而，在过去的20多年里，"福利"一词逐渐变得热门起来。

"福利"一词的普及反映了过去20余年来中国物质生活的改善和提高，以及国家对福利问题的关注。然而，对于这个热门词汇，人们既感到欣喜又感到担忧。欣喜之处在于它反映了社会进步和对公民福祉的关心，而担忧之处则在于其中既有对过去"大锅饭"时代的回忆，又夹带着行业垄断导致的不公平分配和权力寻租的灰色腐败。这种现象在转型期间特有，呈现一种特殊的无序状态。此外，"福利"一词的内涵和外延还在不断扩展，不仅包括经济方面的利益，还涉及社会公平、文化福祉等多个层面。这表明福利的含义正在不断演变，以适应社会的不断变革和发展。

---

① 马广海，许英. 论社会福利：概念和视角[J]. 山东大学学报（哲学社会科学版），2008（5）：141-146.

② 周良才，赵淑兰. 社会福利服务（第二版）[M]. 北京：北京大学出版社，2019：2.

③ （唐）韩愈. 与孟尚书书[M/OL]. https：//so. gushiwen. cn/shiwenv_1b8f764e608f. aspx，2022-04-15.

④ 陈鲁南. 试论"社会福利"一词的多义性[J/OL]. http：//www. smjic. org/index. php/ View/920. html，2016-04-07.

在学术界，福利概念的演变确实在不同时期各代表性学派的影响下经历了明显的变化(详见表 1.2)。旧福利经济学派主要关注经济和收入方面的福利。他们认为福利是可以测量和计算的，强调经济因素，而非经济因素往往被忽略。然而，这种观点的局限性在于它将福利简化为经济增长和收入水平，忽略了人类生活中更广泛的幸福和满足感。新福利经济学派则强调福利的序数性质，认为只能进行相对比较，而不能进行精确度量。这反映了对于福利概念多样性的认识，但在量化方面存在困难。但仅强调序数性质可能导致无法全面理解福利的多元性，难以量化非经济因素。直到阿马蒂亚·森的可行能力理论出现，为福利内涵的界定指出了新的思路与方向，才结束了关于福利内涵的基数与序数之争。森的可行能力理论提出福利的可行性是核心概念，不仅包括经济因素，还包括个体在社会中实现自身潜能的能力。这将非经济因素融入了福利理论，并为之提供了更全面的视角。这一理论提供了多维福利测度的方法，将经济福利和非经济福利结合，通过功能性活动指标实现了福利的量化。这推动了福利经济理论的发展，更好地满足了人类的多元化需求。

表 1.2　　　　　　　　　　　各时期关于福利的主要含义

时　　间	福利的含义
20 世纪 20 年代	个体或集体的偏好
20 世纪 50—80 年代	经济福利、基本需求
20 世纪 90 年代	可行能力、人类发展、能力构建等
21 世纪至今	个人权力、自由等

资料来源：黄晨喜. 社会福利[M]. 上海：格致出版社，2009：10.

总体而言，福利概念的演变表现为从单一的经济因素视角到综合考虑非经济因素，从无法精确度量到多维福利测度的发展。这反映了对福利理论更全面、更复杂理解的追求，使其能够更好地适应社会的多元性和变化。

(二)福利在经济学中的演进

福利的概念可以追溯到古希腊时期，具体而言，它最早出现于公元前 12 世纪到公元前 8 世纪罗马史诗的《伊利亚特》和《奥德赛》中。这些史诗描述了由于交换不公平而引起的人们福利变动的情况。同时，它们也揭示了福利与社会交往、财富分配之间的紧密关系①。在古希腊，经济学家色诺芬（Xenophon）（约公元前430—前355）在《经济论》②中深入探讨了财富与福利的关系。因此，熊彼特（Joseph Schumpeter）③认为，现代福利经济学家只是在复兴边沁的传统，而福利经济学是神圣而古老的。在边沁及其以前的所有有关福利的论述中，我们可以看出福利与幸福是同义词。各种关于幸福的不同理论也相应地导致了不同的福利观点。综合而言，福利的概念在古代就已经根植于文学和经济学的思想中，而对于福利的不同理解也反映了对幸福的多元认知。这一观点的历史渊源贯穿了古今，为福利经济学提供了深厚的理论基础。

对于大多数现代经济学家而言，幸福（即福利）概念的内涵受到效用主义奠基人边沁主观幸福观的影响。这一理论源自古希腊，主要表现在昔兰尼学派的快乐主义幸福观中，将感觉视为唯一的幸福来源，并将追求快乐看作最大的幸福目标。在古希腊后期，哲学家伊壁鸠鲁成为快乐主义幸福观的代表者，他对这一理论的系统论述在后来的西方思想中产生了深远的影响。伊壁鸠鲁④认为，快乐即善，而心灵的快乐则源自对肉体快乐的体验。快乐主义者认为快乐和幸福是同义词，将快乐视为一种主观感受，是身体和感官的满足。17世纪，英国经验论者洛克和欧洲大陆的莱布尼茨重新诠释了快乐主义幸福观，将这种在漫长的中世纪中被压抑的观念重新引入，并在欧洲重新流行起来。边沁（Jeremy Bentham）⑤的主张是善即快乐、恶即痛苦。在边沁看来，不同诱因导致的不同类型的快乐和痛苦只存在低级和高级的区分，而没有质的差别。这些诱因包括自然、政治、道德和宗教，其中自然的约束力影响最广泛且具有独立作用。边沁同时指出，人们普遍追求快乐和回避痛苦的心理将推动人们实现"总体幸福"的最大化。在分析如何实现这种最大化之前，他认为有必要深入分析幸福的测度问题。为了测量个体幸福，边沁从七个方面：强度、持续度、

---

① 朱荣科，赵亚乔. 福利经济思想的重新表述与学科诞生[J]. 财经问题研究，1998（7）：69-71.

② [美]哈里·兰德雷斯，大卫·C·柯南德尔. 经济思想史[M]. 周文，译. 北京：人民邮电出版社，2011.

③ [奥]约瑟夫·熊彼特. 经济分析史（第1卷）[M]. 朱映，等，译. 北京：商务印书馆，1991.

④ [英]伯特兰·罗素. 西方哲学史（上卷）[M]. 何兆武，李约瑟，译. 北京：商务印书馆，1963.

⑤ [英]杰里米·边沁. 道德与立法原理导论[M]. 时殷弘，译. 北京：商务印书馆，2000.

确定性、远近性、繁殖性、纯度和广延性，对个体的幸福进行了系统的测量。这种基于个体偏好的主观幸福观被视为现代西方规范经济学的价值基础，也是经济学中重要的概念之一——效用的来源。

当效用可以基数度量，并且在不同个体之间具有可比性时，假设社会中存在 m 个决策主体（即个体），第 i 个个体的效用和消费者权数分别为 u_i 和 a_i，则总福利 TW 可以表示为：

$$TW = \sum_{i=1}^{m} a_i u_i (i = 1, 2, \cdots, m) \tag{1-1}$$

在这一假设下，个体效用的加权总和即为社会的总福利。每个个体的效用通过消费者权数进行加权，以反映不同个体对社会总福利的贡献程度。这种基于效用和权数的度量方法在一些经济学和社会科学的理论模型中得到了广泛的应用。

在 Edgeworth[①] 看来，效用是完全可以度量的，并提出了"刚好可以察觉到的差异"（Just Noticeable Differences，JND）概念，即通过这种可以准确感知的增量来度量效用，也就是"最小可感量"或"最小辨别量"。Edgeworth 强调，这种快乐增量应该是相等的，即使它们来自不同个体或不同类型的快乐。Edgeworth 的这一观点隐含了效用的人际可比性。此外，Edgeworth 首次提出用无差异曲线来描述个体效用，并通过盒状图（见图 1.1）解释商品在两人之间的交换和消费。他进一步引入"契约曲线"，用以描述交易双方进行交换时所能够实现的最理想状态。虽然在当时，Edgeworth 的思想并未受到充分关注，但在后来的经济学发展中，这些思想逐渐得到了重视，并为"效用理论"的进一步发展奠定了基础。

受 Edgeworth 思想的启发，维尔弗雷多·帕累托（Vilfredo Pareto）[②]引入了偏好概念，取代了效用，运用无差异曲线等分析工具对消费理论进行重新演绎。在帕累托看来，效用在量上的差异是可以被忽略的，因此他仅将效用以数字表示，实际上是通过外部现象进行间接衡量，以消费者行为来间接衡量满足感。帕累托认为，通过收集偏好随物价变动而变动的数据，可以深入分析和研究消费者行为，并有助于绘制无差异曲线。帕累托的这一方法为经济学家提供

① Samuels W J. Edgeworth's Mathematical Psychics：A Centennial Notice［M］//Essays in the History of Mainstream Political Economy. London：Palgrave Macmillan，1992.

② Pareto V. Manual of Political Economy：A Critical and Variorum Edition［M］. Oxford：Oxford University Press，2014.

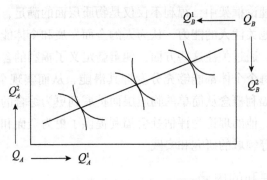

图 1.1　Edgeworth 盒状图

了更具实证价值的工具，使他们能更准确地理解和解释消费者的选择行为。帕累托的思想影响深远，尤其是他提出的福利经济学第一定律，即竞争性市场均衡是最有效率(最佳状态)的，为经济学研究提供了重要的理论基础。

　　受到帕累托的启发，莱昂内尔·罗宾斯(Lionel Robbins)在学术观点上赞同效用不可用基数度量，并对庇古的认识论基础提出了严格的批判。Lionel Robbins[1] 强调，经济学是一门实证科学，不应涉及价值判断，其研究目的应专注于"是然"问题，而实证理论的评判标准应该是其能否解释现实问题。在福利(效用)概念方面，罗宾斯的主要贡献是强调经济学中的福利(效用)应该"祛伦理化"。罗宾斯认为，经济学中那些具有规范性质的结论往往源于基数效用的使用，因此，在研究中应避免过多地使用基数效用。此外，罗宾斯认为，效用在人际间的比较本身就是一个伦理问题，因此，现代效用理论应尽量避免进行不同个体之间的福利比较。

　　阿马蒂亚·森(Amartya Sen)[2][3][4]认为，福利的创造不仅仅取决于商品本身，更在于商品所带来的机会和活动，这些机会和活动是建立在个体能力基础上的。在伦理经济学、发展经济学、社会福利以及社会选择等多个领域中，森以"个人能力"为逻辑起点重新构建了一个统一的理论体系。他主张将人的发

　　① 　Lionel R. Interpersonal Comparisons of Utility：A Comment[J]. The Economic Journal, 1938，48(192)：635-641.

　　② 　Sen A K. On Economic Inequality[M]. Oxford：Clarendon Press, 1973.

　　③ 　Sen A K, Dreze J. Hunger and Public Action[M]. Oxford：Clarendon Press, 1989.

　　④ 　Sen A K. A Decade of Human Development[J]. Journal of Human Development, 2010：17-23.

展作为衡量福利的关键指标,其贫困指数和人类发展指数近年来备受社会各界的关注。在森的理论框架中,福利不仅仅是物质层面的满足,更包括了个体发展的多个方面。他关注人的能力,认为人的全面发展和个体能力的提升是实现真正福利的关键。通过关注这些方面,他重新定义了福利的含义,强调社会应该创造条件,使每个个体都能够充分发挥其潜能,从而实现全面的人类发展。森的贡献在于将福利概念从简单的物质层面扩展到更为综合的范畴,包括个体能力和全面发展。他的理论为评估社会福利提供了更为全面和深刻的视角,影响着福利经济学等领域的研究和实践。

(三) 经济福利的内涵

在《国富论》中,亚当·斯密(Adam Smith)[①]深刻地揭示了经济增长与经济福利水平提高之间的内在联系,将国民生产的目的界定为"富国裕民"。然而,在经济学领域中,对福利的系统性研究,要归功于经济学奠基人之一,英国著名经济学家阿瑟·庇古(Arthur Pigou)。庇古[②]的福利思想深深根植于效用理论,他将个人福利表达为效用总和,并将整个社会的经济福利与"国民所得"相对应起来。庇古的福利思想可以归纳为两个基本命题。首先,他认为增加国民收入将直接促进社会经济福利的提高。这一命题强调了经济增长对整体社会福祉的积极影响,为后来经济学家提供了改善社会福利的思路,即通过提高国民收入水平来改善。庇古的第二个基本命题是关于国民收入分配的。他认为当国民收入分配相对平均时,社会经济福利将达到最大值。庇古的这一观点指出了社会公平和收入平等对提升整体福祉的重要性,引导后续研究关注收入分配对社会福利的影响。这两个基本命题在福利经济学中产生了深远的影响,对于经济福利的评价提供了指导。

经济福利是一个涉及个体、社会和国家层面各种因素的错综复杂且多层次的概念。在经济学和社会学领域,学者们长期以来一直在努力解答一个核心问题:究竟什么构成了真正的经济福利?我们应该如何衡量和提高它?本书将从个人和社会两个层面入手,采用数理经济分析等方法深入探讨经济福利的内涵。在这一探讨中,我们将提供具体的例子和方法,以便更好地理解经济福利

① [英]亚当·斯密. 国民财富的性质与原理[M]. 赵东旭,丁毅,译. 南昌:江西教育出版社,2014.

② [英]阿瑟·赛西尔·庇古. 福利经济学[M]. 朱泱,等,译. 北京:商务印书馆,2006.

的复杂性和多样性。

从个人层面来看，经济福利是指个体在经济活动中获得和享受的各种经济资源和机会，直接关系到其生活水平、满足感以及基本需求的覆盖程度。在此层面，经济福利的构成包括但不限于收入水平、职业机会、教育和医疗资源的可及性，以及社会公平和平等的体现。首先，个人的收入水平是经济福利的一个核心方面。个体的经济地位直接取决于其从事经济活动获得的收入。高收入可以提高个体的购买力，使其更容易满足基本需求，享受更高品质的生活。这一点在经济学领域得到广泛关注，如 Henry George 在《进步与贫穷》中指出了财富分配对个体福利的重要性①。例如，武康平②等主张福利的核心是对"利"进行客观评价，强调关注"经济福利"。根据经济理论的教导，个体的经济福利通常与其收入水平正相关，同时与价格水平负相关。其次，职业机会也是影响个体经济福利的重要因素。就业机会的丰富与否直接影响个体的经济状况。良好的职业机会可以提供更高的收入、更好的职业发展前景，进而提升个体的经济福利水平。这一点在现代社会中变得尤为显著，特别是在科技发展迅速的背景下，不同行业的兴起和衰退影响个体的经济状况③。此外，教育和医疗资源的可及性也是影响经济福利的关键因素之一。充分的教育机会可以提高个体的技能水平，增加其在职场上的竞争力，从而对经济福利产生积极影响。同时，良好的医疗资源有助于保障个体身体健康，降低生活不确定性，提升整体的生活满意度。在这方面，阿马蒂亚·森的研究强调了个体能力和发展对于经济福利的根本性影响④。最后，实现社会公平和平等也直接关系到个体经济福利的感受。一个公平和平等的社会环境有助于确保每个个体都能平等地分享社会资源和机会，从而减少贫富差距，提升整体的经济福利水平。在约瑟夫·斯蒂格利茨⑤的著作《不平等的代价》中，这一观点得到了深刻的阐释。

① George H. Progress and Poverty: An Inquiry into the Cause of Industrial Depressions and of Increase of Want with Increase of Wealth[M]. New York: D. Appleton and Company, 1881.

② 武康平，张国胜，周伟. 民生福利评价的理论与实践[J]. 南京社会科学，2012(7): 1-7.

③ Autor D H, Katz L F, Krueger A B. Computing Inequality: Have Computers Changed the Labor Market? [J]. The Quarterly Journal of Economics, 2003, 113(4): 1169-1213.

④ Sen A K. Development as Freedom[M]. New York: Alfred Knopf, 1999.

⑤ Stiglitz J E. The Price of Inequality: How Today's Divided Society Endangers Our Future [M]. New York: W. W. Norton & Company, 2012.

　　从社会层面来看，经济福利是指一个国家或社会整体的繁荣和公平。这个概念不仅涵盖了个体的生活水平，也包括社会资源的公平分配、机会均等和社会公正。在社会层面，需要考虑到整个社会的各个群体对经济福利的理解，以及它们在社会、经济活动中的地位和机会。首先，社会层面的经济福利涉及社会资源的分配是否公平，包括财富、土地、教育资源等在社会中的分布是否具有公正性。社会资源的不公平分配可能导致一部分人群的经济福利水平相对较低，从而形成社会中的贫富差距①。因此，社会福利的提升需要考虑如何实现资源的更加公平合理的配置。其次，社会层面的经济福利与机会的均等分配密切相关②。社会中的机会是否对每个个体都是平等的，对经济福利的公平性有直接影响。需要关注的是，机会的均等分配是否能够平等地为每个人提供教育、职业、医疗等方面的机会。缺乏机会均等可能导致一些群体在经济上受到局限，从而影响整体社会的经济福利水平。再者，社会层面的经济福利还涉及社会公正性的问题③。一个公平正义的社会应该确保每个人都能够享有基本的人权和社会权利，而不受到不公正的对待。在实践中，法律、政策、制度等在实践中是否能够确保社会的公正性？社会公正的不足可能会导致一些群体受到歧视，进而削弱整体社会的经济福利水平。此外，政府在提升经济福利中发挥重要的作用。例如，厉以宁④等学者认为，许多关于福利的思想源自英国学者霍布森。霍布森将"福利"视为经济学研究中的核心问题，并关注由社会中的收入不平等引发的各种问题。他主张政府通过税收与国有化政策来提升国民的经济福利，从而赋予政府强大的经济力量。这一观点强调了政府在经济福利提升中的积极作用，为改善社会福利提供了实际可行的途径。

　　综合而言，经济福利不仅关注个体的物质生活水平，也重视社会资源公平分配、机会均等和社会公正的实现。这需要社会各界的共同努力，通过政策、法律和制度的优化来促进整个社会的公平正义和繁荣发展。这样的努力将有助于提升社会的整体经济福利水平。

---

　　① Atkinson A B. Economic Inequality and Social Welfare[M]. London：Oxford University Press，1975.

　　② Roemer J E. Equality of Opportunity：Definitions and Implementations[M]. Cambridge：Harvard University Press，1998.

　　③ Sen A F. The Idea of Justice[M]. London：Allen Lane，2009.

　　④ 厉以宁. 当代西方宏观福利理论述评[J]. 世界经济，1983(7)：42-48.

三、研究体系

（一）研究对象

本书研究的对象是经济福利，其基础来自经济学家庇古在《福利经济学》中对社会福利的基本概念和衡量方法进行的系统全面的描述。庇古是第一位深入论述福利和经济福利差别的经济学家。在该书的第一编《福利与国民所得》第1章《福利和经济福利》中，详细探讨了福利和经济福利的本质。庇古明确指出，福利的范围极为广泛，是一种意识状态之间的联系。在这一背景下，他提出了两个重要的命题：一是福利是一种意识状态，可能涉及意识状态之间的关联；二是福利可以在大范围或小范围内产生①。然而，庇古也强调了研究的范围必须限制在能够与货币测量尺度直接或间接相关的社会福利部分。这一部分福利被称为经济福利，被认为是可以与货币尺度建立联系的一种满足和不满足的总和。

在《福利经济学》中，庇古未明确定义福利，然而透过庇古的描述，我们不难发现，庇古所谓的福利与功利主义者追求的幸福、边际主义者关注的效用在本质上并没有太大的差异。若非要找区别，主要体现在庇古作为20世纪的经济学家，淡化了功利主义者对幸福概念中伦理思想的关切。庇古提出了一个经济福利的概念，重点解决了福利的测度问题，即通过收入来衡量。随后，他详细阐述了收入作为福利测度指标的合理性。他认为，首先，非经济福利很容易受到收入获取方式的影响，其次，收入支出方式很可能会改变非经济福利。

庇古在福利经济学领域的独特贡献在于引入了将收入作为测度福利的指标，成功解决了福利测度的难题。他强调了收入获取方式对非经济福利的影响，以及收入支出方式可能带来的变化。后来的福利经济学家转向以消费者的主观偏好来度量个体福利，体现为无差异曲线。他们认为，个体效用与商品数量之间存在着严格的正向函数关系，因此，可以通过消费者购买的商品数量来衡量个体福利。这两种不同的福利概念都以国民总产值或总收入作为衡量社会福利的共同思路。这表明，福利经济学领域对于福利概念的演变，从庇古引入

---

① ［英］阿瑟·赛西尔·庇古. 福利经济学［M］. 朱泱，等，译. 北京：商务印书馆，2006.

的收入测度到后期关注消费者偏好的转变，都始终沿用国民总产值或总收入作为社会福利的核心指标。

尽管对国民收入的测度问题最早可以追溯到古希腊时期，但现代国民收入核算体系的形成一般被认为始于 20 世纪 30 年代。经济大萧条的冲击和凯恩斯宏观经济理论的兴起推动了这一体系的建立。当时，由于经济陷入大萧，美国政府面临经济政策制定的困境，因此委托了经济学家库兹涅茨设计和建立国民收入核算体系。到了 20 世纪 50 年代，国际上关于核算的标准和规范基本形成，这奠定了今天仍在沿用的国民经济核算体系（System of National Accounts，SNA）。国民经济核算体系中最关键的概念是国民收入，又称为国民生产总值（Gross National Product，GNP）。国民收入涵盖了一国生产的所有商品和劳务，并以这些商品的市场价值来进行衡量。经过联合国的努力，GNP 的统计标准在资本主义社会得到了统一，被一些人认为是 20 世纪重要的发明之一。随后，GNP 逐渐成为国民经济核算中的主要指标，在一国政策制定以及国际福利比较等方面发挥着重要作用。然而，自 20 世纪 80 年代后，人们开始逐渐使用其衍生的国内生产总值指标。随着对国民生产总值或国内生产总值的广泛使用，社会开始考量如何更合理、有效地衡量社会福利。在社会选择理论发展陷入僵局、社会福利基础理论研究裹足不前的时候，社会福利测度实践方面却获得了长足的发展。社会福利测度的基本思路主要有两种：一种是运用幸福指数或各种仪器对主观福利进行评价和测度，另一种是以 GDP 为基础按照福利标准对其进行调整。前者是直接对社会成员的主观福利进行测度，后者是通过测度带来福利的各种对象或结果间接测度。然而，考虑到 GDP 在指标设计方面存在多种缺陷，比如未考虑经济以外的因素，导致出现"幸福—收入悖论"[①]。同时，考虑到经济增长可能伴随许多非经济因素的变动，这些因素可能会对社会福利产生影响。

福利的测度问题最早由丁伯根于 1972 年提出，并得到了学界的广泛关注。Nordhaus 和 Tobbin[②] 提出了经济福利指标（Measure of Economic Welfare，MEW），试图通过对国内生产总值（GDP）进行调整，引入一系列因素，如资源

---

①　Easterlin R. Does Economic Growth Improve the Human Lot? Some Empirical Evidence，Published in Nations and Households in Economic Growth[M]. New York：Academic Press，1974.

②　Nordhaus W，Tobbin J. Is Growth Obsolete？[J]. Economic Research：Retrospect and Prospect，Economic Growth，1972(5)：1-80.

分配、环境效应等,来衡量社会的整体福祉。随后,美国经济学家萨缪尔森①在 MEW 的基础上引入了净经济福利指标(Net Economic Welfare),用以衡量经济发展所带来的全部经济福利减去经济增长产生的全部损耗后所余下的福利。在此基础上,世界银行的经济学家 Daly 和 Cobb② 提出了以个人消费为起点的可持续经济福利指数(Index of Sustainable Economic Welfare, ISEW)。这一理论框架得到了国际上包括英国③、荷兰④等多个发达国家学者的实际应用。这些努力旨在更全面、准确地衡量社会福利水平,超越传统的 GDP 指标,为福利经济学的研究提供新的视角。可持续经济福利与经济增长之间存在扩大的差距,多数研究表明,经济福利正逐渐接近其极限。研究发现,一些全球人均收入最高的国家,如荷兰、瑞典、奥地利、英国、德国等,自 20 世纪 80 年代以来,经济福利呈下降趋势,引发了对经济增长目标合理性的质疑。这一结论与 Max-Neef⑤ 等学者提出的生态"门槛假说"相近。根据这一理论,许多国家在经济增长的初期,经济扩张可能会提升生活质量。然而,当社会经济发展达到一定阶段时,持续的经济增长并不一定会显著提高社会福利,甚至可能导致总体福利下降。与此同时,研究者们对一些发展中国家的经济福利进行了测算,结果显示这些国家的福利普遍呈上升态势。这一趋势呼吁我们更加深入地思考经济增长对福利水平的实际影响,以及是否需要调整发展策略以更好地满足人民的福祉需求。

关于国内的可持续经济福利分析,一些学者通过运用不同的指标和方法进行研究,旨在深入了解经济增长对社会福利的长远影响。如杜斌⑥等学者采用可持续经济福利指标体系对扬州、广州、苏州和宁波四个城市进行可持续性发展的深入分析。尽管这些研究在城市选择方面存在一定的随机性,但为我们提

---

① 程恩富,曹立村. 如何建立国内生产福利总值核算体系[J]. 新华文摘,2009(11):29-32.

② Daly E H, Cobb J B. For the Common Good: Redirecting the Economy toward Community, the Environment, and a Sustainable Future[M]. Boston: Beacon Press, 1994.

③ Neumayer E. The ISEW: Not an Index of Sustainable Economic Welfare[J]. Social Indicators Research, 1999, 48 (1): 77-101.

④ Bleys B. Proposed changes to the Index of Sustainable Economic Welfare: An Application to Belgium[J]. Ecological Economics, 2008(64): 741-451.

⑤ Max–Neef M. Economic Growth and Quality of Lift: A Threshold Hypothesis[J]. Ecological Economics, 1995, 15(2): 115-118.

⑥ 杜斌,张坤民,温宗国,等. 可持续经济福利指数衡量城市可持续性的应用研究[J]. 环境保护,2004(8):51-54.

供了对城市可持续性发展更全面的认识，对城市的可持续性发展有着重要意义。在理论分析方面，田国强和杨立岩[①]构建了一个基于相对收入理论的模型，同时考虑了收入和非收入因素。其假设个体的效用与其自身的物质和非物质水平呈正相关，但与其他人的物质消费水平呈负相关。研究结果证明，社会中确实存在一个临界水平，该水平与非物质初始禀赋呈正相关。在这个临界水平之前，收入的增加能够提升社会福利；然而，一旦达到或超过这个临界收入水平，收入的增加反而会降低总体福利，导致配置结果呈帕累托无效。目前，关于经济福利的测度方法呈现"百家争鸣"的态势，不同方法各有其优点和不足之处，同时也存在着很大的改进空间。鉴于此，本书选取了1998—2020年我国相关数据，旨在综合分析中国经济福利发展现状，找出其中存在的问题，并为改善居民经济福利提供可行性建议。

(二) 研究思路

本书将专注于探讨经济福利的理论基础和在中国实证中的具体表现。研究经济福利的核心目的在于深入理解不同因素对个体和社会福祉的影响，为制定经济政策提供理论支持。本书的研究思路主要包括：

(1)经济福利理论基础：分析福利经济学的发展历程，深入探讨福利核算的对象及其评价方法；阐述经济福利的基本概念，包括经济学角度和社会学角度对福利的定义；探究多种福利评价手段的优缺点，明确福利核算在评价社会福祉中的地位。

(2)微观层面的个体经济福利研究：利用居民微观数据，重点分析个体经济福利受教育水平、社会地位、收入、房贷等因素的影响；探讨在不同背景条件下，个体对于经济福利的感知和评价。

(3)宏观层面的中国经济福利实证分析：收集并分析1998—2020年中国的宏观经济数据，特别是国内生产总值(GDP)、可持续经济福利等关键指标；深入研究不同时期经济福利与经济增长的关系，探讨二者之间的差距和背后的原因；分析收入分配、自然资源消耗和环境污染等因素对中国经济福利的影响。

---

① 田国强，杨立岩. 对"幸福—收入之谜"的一个解答[J]. 经济研究，2006，41(11)：4-15.

(三)研究方法

本研究采用了包括文献分析、数理经济分析以及定性和定量分析等方法，旨在深入探讨中国经济福利的理论和实证特征。

(1)文献分析法：通过广泛梳理福利经济学和经济福利测度理论的重要文献，系统总结国内外学者在经济福利研究领域的观点和方法，深入挖掘历史上有关经济福利的理论演进，为理论框架的建立提供坚实基础。

(2)数理经济分析法：运用数理经济学的原理，建立经济福利测度的模型，以数学语言准确描述福利与其影响因素之间的关系；利用统计学和数学工具，对经济福利相关因素进行精细分析，揭示潜在的数理规律。

(3)定性和定量分析法：采用定性分析，深入理解经济福利变化背后的社会、政治和文化因素；同时运用定量研究方法，借助实证数据对经济福利关键因素进行量化研究，从而更全面地解读其演变过程。

这些研究方法的有机结合将有助于我们全面、深入地理解中国经济福利的现状、影响因素及其内在机制。通过这一多层次的研究框架，旨在为深化福利理论、优化政策制定提供深刻见解，进而推动中国经济福利的持续提升。

第二章　福利经济与经济福利测度理论

经济福利理论的演进历程一直是经济学研究领域中备受关注的核心议题。从庇古时代开始，如何量化和衡量社会福利一直是经济学家们思考的焦点。本章分为两个部分：首先，将追溯福利经济学理论的发展历程；其次，深入研究从庇古时代的经济福利测度到当代可持续发展视角下的发展脉络。通过对福利理论的演变历程的全面审视，有助于更好地理解社会福利的多维度本质以及理论体系的丰富内涵。

一、福利经济理论的演进

作为经济学的重要分支，福利经济学在西方伦理价值判断体系中扮演着至关重要的角色。它不仅为政策制定者提供了理论和实践的依据，而且通过对福利的研究，为维护和改良资本主义制度提供了关键性的思考。福利经济学的发展历程可以追溯到 20 世纪 40 年代的英国。当时，英国的社会贫富差距悬殊，社会矛盾不断激化，国际影响力不断下降，迫切需要找到适宜的方法来优化资源配置，提高效率，以维护社会稳定。它的发展大致可以划分为四个阶段，第一个阶段是以庇古为代表的旧福利经济学时代。在此阶段，经济学家们开始思考如何在资本主义制度下实现资源的更加公平和有效的分配，以改善贫富分化和社会不平等。第二个阶段是以罗宾斯、希克斯、帕累托等为代表的新福利经济学时代。这一时期福利经济学的研究更加深入，理论体系更加完备。经济学家们不仅关注福利的增加，还开始研究福利对整体经济效益的影响，探讨福利措施对资源配置和社会效率的潜在影响。第三个阶段是以伯格森、杜森贝、米香等为代表的相对福利经济学时代。在这个时期，学者们不再仅仅将个体的福利看作是绝对收入水平的函数，而更加注重相对收入对于福利评价的影响。第四个阶段是以阿马蒂亚·森代表的后福利经济学时代。这一时期，福利经济学家关注的不仅仅是福利的增加，更关注福利的分配是否公平，以及福利对社会的长期影响。福利经济学的研究也逐渐与可持续发展等领域相融合，形成了综合性的研究框架。

虽然福利经济学在国际上取得了显著的进展，但国内对于这一领域的研究相对较少。由于我国经济制度的特殊性，以及福利制度建设起步较晚，国内的福利经济学研究主要基于西方理论，以定性和定量分析为主。对于我国福利经济的发展来说，在保持社会经济稳定的同时提高福利水平，仍然是一个值得深入研究的问题。因此，福利经济学的研究不仅仅是对福利水平的关切，更是对社会公平、经济效益和可持续发展的综合思考，为构建更加和谐稳定的社会奠定坚实的理论基础。

（一）旧福利经济学时代

旧福利经济学时代，横跨 20 世纪初至 20 世纪中期，是该学科独立性发展的重要时期。这一时代的学者们对效用、社会福利和公共政策进行了深入研究，为福利经济学的理论建设奠定了坚实的基础。其中，英国经济学家阿瑟·庇古在 1920 年发表的《福利经济学》①为该时代的代表性之作，标志着旧福利经济学体系的确立。

这一时期，福利经济学强调福利是一种意识形态，其焦点主要集中在经济福利的探讨上。庇古特别关注穷人收入分配政策与分配规模的变化，认为其增长与经济福利和国民所得之间的紧密联系密切相关。为了深入分析资源配置效率，他运用了边际社会净产品和边际私人净产品的概念，并强调国民所得最大化需要这两者趋同。庇古详细阐述了导致边际私人净产品和边际社会净产品差异的三种原因。首先，这些差异可能源自非持久性劳动工具的所有者，即未来所有权不在当前生产者手中的资产。这些所有者可能无法直接从当前生产中获益，但可以通过修改契约关系来解决。其次，这些差异可能源于无法从偶然获益或受损中强求支付，例如公共产品，需要政府通过"额外奖励"或"额外限制"来消除。最后，生产资源的变化对行业内部产生影响，从而导致这种差异。同时，庇古还深入研究了国民所得数量与劳动力市场的关系，以及国民所得的变化对穷人的绝对份额的影响。他主张通过合理的劳动资源配置来增加国民所得，反对通过最低工资来提高工资，因为最低工资可能无法提供大多数劳动者所需的生活收入，而且可能导致歧视的产生，并可能会引发失业。庇古主张确保每个家庭都享有最低生活标准，并倡导浮动工资机制，以提高效率并减

---

① [英]阿瑟·赛西尔·庇古. 福利经济学[M]. 朱泱，等，译. 北京：商务印书馆，2006.

少贫困。此外，在长期的视角下，庇古认为资本与劳动力存在负相关。他指出，提高国民所得中分配给劳动者的份额可能导致对劳动力支持的减少，从而导致资本份额下降。尽管这种变化有助于资源从富人向穷人的转移，在整体国民所得不变的情况下增加潜在的总福利，但也可能引发公平问题和"懒人现象"。因此，庇古建议政府取消救济金，建立适当的社会保障网络，并将救济额度与工人的生产效率挂钩，以促进更加有效的社会福利。

庇古的福利经济学思想在很大程度上受到边沁功利主义哲学和新古典经济学的影响，特别是受到马歇尔所建立的一般经济理论的影响。在 20 世纪 20 年代英国的社会背景和政治经济发展格局下，庇古的福利经济学表现出明显的特点，这反映了当时的社会现实。庇古认为，经济学的主要目的是解决物质福利问题，而效用可以通过物质福利来表达。他将个人的效用满足量量化，通过数字度量，使得不同个体的效用满足可以进行比较。福利经济学中的核心问题之一是效用的绩效，庇古将其内涵与性质与主观感受联系在一起。他认为，个人的效用可以通过个体的物质福利来体现，并在经济分析中纳入了个人的价值判断。这一观点在福利经济学中起到了重要作用，并引发了 20 世纪 30 年代关于经济学科的科学性质和分析方法等方面的大讨论。

由于庇古坚持基数效用理论和以货币计量的经济福利的重要性，他的后继者在其思想基础上发展出了一种一般性的社会福利函数，也被称为"庇古学派（旧福利学派）的社会福利函数"。

社会福利函数是一种用于评估社会总体福利水平的工具，它将个体效用的聚合作为度量社会福利的指标。庇古学派社会福利函数的数学表达式可以通过改写和拓展来更清晰地呈现，一般形式可以表示为：

$$\text{SWF} = W(U_1, U_2, \cdots, U_n) \tag{2-1}$$

其中，SWF 代表社会福利函数，U_1，U_2，$\cdots$，U_n 分别表示个体 1 到个体 n 的效用水平。这里的效用通常是通过货币来度量的，反映了个体在经济中的福利水平。函数 SWF 可以是对个体效用的简单加总，也可以是对效用的某种转换和权衡。

庇古学派社会福利函数的一般形式可以用下面的数学表达式表示：

$$\text{SWF} = \sum_{i=1}^{n} W_i(U_i) \tag{2-2}$$

其中，$W_i(U_i)$ 是个体 i 的效用函数，表示庇古学派将社会福利看作个体效用的总和。函数 $W_i(U_i)$ 的具体形式可以根据个体效用函数的不同而变化，但通常基于庇古的基数效用理论，将效用与货币量化。

在庇古学派的社会福利函数中，有关个体效用的权重通常由个体的货币收入或经济地位来决定，即效用越高的个体在社会福利中占据的权重越大。这反映了庇古对以货币计量的经济福利的重视，强调了在社会福利中个体效用的不平等权重。然而，在实际应用中，这一函数存在不足之处，例如忽略了个体之间的公平和正义考量，以及对边际效用递减的敏感性等问题。需要注意的是，庇古学派社会福利函数仍然是后来社会选择理论中重要的研究领域，研究者们不断改进和拓展它，以更好地反映社会的多样性和复杂性。

综合来看，庇古的贡献为后续学者的研究提供了有益的启示，为福利经济学的未来发展指明了方向。但是，庇古取消救济金的建议引发了一系列关于社会公平和道德责任的讨论。一些批评者认为，庇古可能过于强调自由市场的自我调整能力，而忽略了社会中处于弱势的群体。取消救济金可能会使那些面临生活困境的人陷入更深的困境，增加社会的不平等。另一方面，庇古的浮动工资机制和生产效率挂钩的建议也引发了讨论。虽然这种机制可以激发劳动者的积极性，提高整体生产效率，但也可能导致工资不稳定，增加工人的经济不确定性。对于那些依赖固定收入来维持基本生活的人来说，这种变化可能带来更多的风险和不安全感。在社会保障方面，庇古的建议反映了对个体责任和自给自足的重视。然而，一些学者认为，社会保障体系的建立应当更多地考虑社会中存在的不平等和多样性。通过更加全面和包容的社会保障政策，可以更好地满足不同群体的需求，有助于提升社会的整体福祉。此外，庇古主张的基数效用论遭到了一些经济学家的质疑。这些学者认为，效用作为一种个人主观感受的本质是无法量化的。他们指出，由于个体对效用（如享受美食）的评价因人而异，且对事物的偏好顺序存在差异，因此人与人之间的效用是不可比较的。学者们的这一观点强调了效用的主观性和相对性，质疑了基于效用的福利经济学框架是否能够准确反映不同个体之间的福利差异。此外，这些经济学家还提出，在测量效用时，找到一种普适的基数效用的度量单位是非常困难的。效用的度量需要考虑个体的主观感受，这种感受是复杂而多样的，难以用统一的标准进行衡量。这一困难使得基于效用的福利经济学在实际应用中面临挑战，特别是在涉及个体效用比较时。这些质疑和困难的存在直接推动了福利经济学在20世纪三四十年代的发展。经济学家们在探讨福利经济学的基础上逐渐形成了新福利经济学，该学派更加注重社会公平、正义以及个体之间的权利和责任等因素。这标志着福利经济学逐渐从基于效用的个体主义框架中转向更加综合考虑社会多元性和公正性的方向。

(二)新福利经济学时代

庞古的福利经济学深受他所处时代的道德哲学和社会价值观的影响。他坚持基数效用论，并强烈主张将规范分析融入经济分析中，这两个方面为新福利经济学的兴起和发展提供了契机。在 20 世纪 30 年代，西方经济学家们在对庞古福利经济学进行批判的基础上，逐渐形成了新福利经济学。

1932 年，英国经济学家莱昂内尔·罗宾斯(Lionel Robbins)发表了《论经济科学的性质和意义》[①]。在该书中，他对庞古的观点提出了批评。首先，罗宾斯对经济学的定义提出异议，指出现代英国经济学家通常将经济学定义为"对人类行为在以稀缺资源配置为中心的环境下进行研究的科学"，但他对他们将"生产性"下非物质的定义的习惯感到奇怪。他认为庞古的定义只是一种分类性定义，而不是一种分析性定义。在罗宾斯看来，经济学的核心问题是人类行为选择的稀缺性，而非庞古所强调的效用和福利。罗宾斯主张，经济学的核心问题在于研究稀缺性导致的人类行为选择。他强调经济学关注的是人类在面对稀缺资源时的行为方式，而不是关注目的问题。对于经济学中的目的与手段关系，罗宾斯提出了一种通用观点：经济学只关心手段，即在实现目的的过程中如何在稀缺性的限制下进行资源配置。这些观点引发了对福利经济学的深刻讨论，尤其是关于是否应该加入价值判断、是否引入规范分析等问题。在 20 世纪 30 年代，这场争论成为经济学界的焦点。最终，罗宾斯的观点占据了上风。他认为，经济学与伦理学的结合是困难的，经济学不应涉及伦理或价值判断问题。他强调，经济学中具有规范性质的结论都来自基数效用的使用，因此应该避免使用基数效用。这一时期的争论带来了新的启示，促使经济学界重新考虑和调整福利问题的研究，同时也对经济学理论框架产生了影响。

尽管莱昂内尔·罗宾斯在对庞古福利经济学进行批判的基础上提出了一些新的观点，但值得注意的是，他对福利经济学的贡献并非仅限于理论层面，更主要地体现在方法论上为福利经济学的发展提供了明确的方向。他对传统经济学采用的规范分析方法进行了质疑，同时表达了对明确定义经济学范畴这一目标的渴望。因此，从罗宾斯个人而言，他并没有形成一个独立的福利经济学流

---

① Robbins L. An Essay on the Nature and Significance of Economic Science[M]. London: Macmillan, 1932.

派。1939 年，N. 卡尔多发表的《经济学的福利命题和个人之间的效用比较》①一文则标志着新福利经济学的形成，其学说是基于帕累托等人的无差异曲线分析方法和序数边际效用论的基础之上建立起来的。新福利经济学的兴起标志着福利经济学理论的演进。N. 卡尔多的研究强调了经济学的福利命题和个人效用之间的比较，为后来福利经济学的发展提供了重要的理论基础。卡尔多等学者在研究中运用了无差异曲线分析方法和序数边际效用论，通过对个体效用的比较来评估福利水平。该方法对于解决效用比较的问题提供了更精确和可行的工具，从而推动了福利经济学理论的深化和发展。在新福利经济学的框架下，经济学家们逐渐将注意力转向社会正义、公平和效用分配等更全面的福利问题。这一时期的研究为福利经济学奠定了坚实的理论基础，使其更好地适应社会变革和复杂性的需求。

从经济史学家的角度看，维尔弗雷多·帕累托（Vilfredo Pareto）被认为是新福利经济学的奠基人。他不仅首次提出了序数效用论，还巧妙地引入了无差异曲线分析法，使其成为广泛运用的工具。更为重要的是，帕累托还提出并详细论证了被称为"帕累托最优"②的理论。帕累托最优理论的提出为福利经济学的发展开辟了新的方向。这一理论强调，如果一种资源配置方式能够使某些人的福利水平提高而不损害其他人，那么这种配置就是"帕累托最优"的。这一概念为后来的经济学家提供了一个有力的分析工具，使他们能够更深入地研究社会福利的提高和资源分配的公平性。在帕累托的理论基础上，涌现出一批杰出的经济学家，如希克斯、勒纳、卡尔多、柏格森、西托夫斯基等。这些经济学家在福利经济学领域做出了显著的贡献，通过进一步发展和完善帕累托的理论，推动了福利经济学的不断深化。他们的研究不仅拓展了福利经济学的理论框架，还为社会正义、效用分配等问题提供了更为系统和细致的分析，促进了福利经济学的发展。

帕累托福利经济学思想的核心观点之一包括对效率和效用的深刻理解。他认为，社会资源的最优配置应该追求"不能改进的状态"或"帕累托最优状态"。在这种状态下，资源的分配达到了一种理想平衡，使得社会中每个个体都已经获得了最大化的福利水平。这一观点强调了社会资源的有效利用，为后来福利经济学关于资源配置的理论奠定了基础。帕累托的福利经济学思想还包括了对

---

① Kaldor N. Welfare Propositions of Economics and Interpersonal Comparisons of Utility [J]. The Economic Journal, 1939(49): 549-552.

② Pareto V. Cours d' Economic Politicize[M]. Lausanne: F. Rouge, 1896.

个体偏好和效用的独特认识。他提出了无差异曲线的概念，用于描述个体在不同福利水平下的替代组合。通过研究无差异曲线，帕累托深入剖析了个体对不同商品或服务的偏好，为福利经济学提供了更为微观和具体的分析工具。另一方面，帕累托关注的不仅仅是效率问题，还有"帕累托最优"的概念与社会正义的关系。他认为，在实际社会中，追求效率可能导致资源分配不公平，因此需要在效率和公正之间寻找平衡。此外，帕累托关心社会福利的总体提高，也强调在追求效率时要考虑到社会中弱势群体的利益，以确保资源配置的公平性。帕累托的福利经济学思想产生了深远影响，形成了 20 世纪后期的新福利经济学。新福利经济学继承并发展了帕累托理论的同时，对其进行了拓展和修正。在新福利经济学中，学者们更加关注社会正义、公平和福利分配的问题，综合考虑了经济效率和社会公正的目标。总体而言，帕累托的福利经济学思想在经济学和社会科学领域留下了深刻的烙印。他的理论为后来学者们提供了重要的参考框架，深化了对资源分配、社会福利和效用理论的理解。帕累托的贡献促成了福利经济学的发展，为寻找社会经济制度的最优设计提供了有益的思考。

约翰·希克斯（John Hicks）是 20 世纪经济学领域的杰出人物，他在福利经济学领域的贡献使其名垂千古。早在希克斯成为 1972 年诺贝尔经济学奖得主之前，他就以在边际生产力分配理论方面的成就而备受瞩目。然而，正是他在福利经济学上的独特见解和创新性研究，使他成为该领域的奠基人之一。希克斯的福利经济学思想的核心在于通过量化方法来衡量经济政策对社会福利的影响，尤其是对个体的经济福利。他的着眼点是如何比较不同的政策选择，以确保社会福利的最大化。这一思想的萌芽可以追溯到他在 1939 年发表的名著《价值与资本》中。在《价值与资本》①中，希克斯不仅推崇了边际效用理论，更重要的是，他引入了无差异曲线和一般均衡理论，为后来的福利经济学奠定了坚实的理论基础。这本著作的影响之大，在当时不仅推动了经济学理论的发展，也为福利经济学领域的新思潮奠定了基础。

希克斯与卡尔多合作创立的"希克斯-卡尔多补偿检验"（Hicks-Kaldor compensation test）是他为人津津乐道的贡献之一。这一检验方法是福利经济学中的一项核心工具，用于评估不同政策变化对个体福利的影响。该检验通过衡量一个个体在面临不同政策选择后的补偿效应，为决策者提供了更客观、系统的分析手段。希克斯的这一方法不仅深刻影响了福利经济学的研究方向，也为

---

① Hicks J R. Value and Capital[M]. Oxford: Oxford University Press, 1975.

实证分析在福利经济学中的应用树立了榜样。希克斯的福利经济学思想不仅仅停留在理论层面，他还强调了理论与实证的结合。他鼓励经济学家们更加注重将理论研究与社会实践相结合，以更好地服务于社会政策的制定和实施。总体而言，希克斯的福利经济学思想不仅是经济学理论的丰富体现，也为实际社会政策提供了有力的支持。他的贡献不仅在于理论的创新，更在于对福利经济学发展方法的深远影响。希克斯的思想为福利经济学树立了标杆，提供了宝贵的经验和启示，推动了福利经济学的发展进程。

和罗宾斯、希克斯、帕累托等新福利经济学家一样，阿巴·勒纳(Abba Lerner)是 20 世纪 30 年代对福利经济学发展产生重大影响的核心人物之一。在勒纳①于 1932 年发表的第一篇有关国际贸易均衡理论的论文中，他率先引入并采用了"社会无差异曲线"这一分析工具，为福利经济学的发展注入了新的思想和方法。在勒纳的早期研究中，他试图通过引入社会无差异曲线的概念，更全面地理解国际贸易的影响。社会无差异曲线的引入使研究者们能够更加具体地分析贸易活动对不同社会群体福利的影响。这种创新的方法使福利经济学能够更好地解释国际贸易背后的社会效应，为贸易政策的制定提供了更为精准的工具。勒纳在社会无差异曲线的应用中强调了对福利效果的综合考虑。他认识到，在国际贸易中，福利效果不仅仅体现在单一个体的效用上，更需要考虑到整个社会的福利水平。这种社会福利的整体观念使研究者们能够更全面地评估贸易政策对整个社会的影响，从而更好地平衡各种福利利益。

与庇古时代的旧福利经济学相比，新福利经济学家在福利经济学的研究方向上发生了显著的转变。这一变革表现在将经济效率置于更加重要的位置，而不是将福利问题置于经济效率之下。相较于旧福利经济学强调物质福利的差异，新福利经济学主张更多地采用偏好来表达效用概念，注重个体的主观选择，赋予福利问题个体化和多元化的解释。新福利经济学对经济效率问题的研究采用了一系列新的方法，如序数效用论和无差异曲线等，这使得在微观经济学领域更深入地讨论福利问题成为可能。这一方法论的创新不仅为经济学家们提供了更为灵活和具体的工具，丰富了对福利和效用的解释，也使他们能够更准确地理解福利的本质。另一个新福利经济学的重要进展是对"最适度原理"的发展。在新福利经济学的框架下，"最适度条件"成为交换和生产中的核心概念。在完全竞争的条件下，交易双方通过交换可以获得最大满足，而生产要

---

① Lerner A. The Diagrammatical Representation of Cost Conditions in International Trade [J]. Economica, 1932(37): 346-356.

素也能够得到最有效的配置，从而最大限度地提高产品的生产效率。这一原理为福利经济学提供了更为清晰和具体的经济学基础，使其能够更好地解释市场交换和生产决策对福利的影响。社会福利函数理论是新福利经济学中的另一项重要贡献。该理论主张将福利最大化置于"最适度条件"的选择上，并强调在完全竞争条件下，个人自由是实现福利最大化的前提。相较于旧福利经济学中的补偿原理，新福利经济学更加注重通过个体的自由选择来实现社会福利的最大化，强调了市场机制和自由决策对福利的积极作用。综合而言，新福利经济学相较于庇古时代的旧福利经济学，在方法论和理论框架上都取得了明显的改进。通过强调效率、个体选择的主观性、最适度原理和社会福利函数等概念，新福利经济学在福利经济学领域注入了更为现代、灵活和多元化的理论观念，为经济学家们更好地理解福利问题提供了有力的工具。

(三) 相对福利经济学时代

在 20 世纪五六十年代，以帕累托标准为基础的新福利经济学面临严重的挑战，这主要源于阿罗不可能定理对其基础的质疑。帕累托标准的一个明显缺陷在于只关注经济效率，而忽略了分配问题，这引发了对社会公正和均衡的更深层次的关注。为了克服这一缺陷，新福利经济学采用了两种主要的方法。首先，经济学家提出了其他福利标准，试图在福利评估中引入更多因素，以更全面地反映社会的需求和价值观。这包括对公平性、平等性和社会正义等方面的考虑。通过引入多元的福利标准，新福利经济学旨在在效率之外考虑更广泛的社会目标，从而更好地反映社会的多元性和复杂性。其次，为了更系统地处理福利评估，新福利经济学引入了社会福利函数的概念。社会福利函数是一个将个体福利聚合起来，得出整个社会福祉的函数。这一方法旨在将社会福祉问题转化为一个具体的函数形式，以便进行更准确和系统的分析。然而，阿罗[①]于1951 年提出的不可能性定理指出，阿罗所定义的社会福利函数是不存在的。这一发现对新福利经济学造成了巨大冲击，迫使学者们重新审视社会选择问题。这一时期，福利经济学进入了一个新的时代——相对福利经济学时代。围绕阿罗的结论，学者们投入研究社会选择理论，试图找到避免悲观的不可能性结论的方法。

肯尼思·阿罗(Kenneth Arrow)是 20 世纪杰出的经济学家之一，他对福利

---

① Arrow K J. Little's Critique of Welfare Economics[J]. The American Economic Review, 1951, 41(5): 923-934.

经济学的贡献在学术界产生了深远的影响。阿罗的福利经济思想主要集中在社会选择理论领域，而他的不可能性定理则成为该领域的里程碑之一。在分析社会选择行为时，肯尼思·阿罗提出了广泛性假设，要求社会中的每个成员都能对所有公共选项进行完备的排序。每个人在公共选项的集合上都有一个理性的偏好关系，这意味着社会的选择取决于每个个体的偏好关系。这一假设的背后是对社会选择的一种民主化的理念，即每个个体都有权参与决策过程，而社会的选择应该是这些个体集体意愿的反映。在考虑到帕累托标准、无关独立性和非独裁标准的情况下，社会选择理论要求社会中的所有成员都认为在某个具体的选择下，一个选项相较于另一个更好。帕累托标准解决了一些社会选择中的问题，特别是在人们普遍认同某一社会状态相对于另一状态更好的情况下。可以理解为社会福利函数是每个个体福利函数的增函数，符合帕累托的理念。

然而，阿罗指出，当个体之间对于两个具体的社会状态的评价存在严格差异时，这可能引起人际冲突。举例来说，假设成员 X 更喜欢 A 而不是 B，而成员 Y 更喜欢 B 而不是 A，那么在 A 和 B 之间做出选择将不可避免地引发人际福利比较。这种情况下，社会选择不再是显而易见的，因为不同个体之间存在着相互矛盾的偏好。解决这种人际冲突的问题需要对福利经济学中的福利比较进行深入考虑，以确定社会选择的标准。在这个过程中，需要综合考虑不同个体的福利偏好，并找到一种平衡，以确保社会选择既尊重个体的意愿，又能够在整体上体现出社会的集体利益。因此，社会选择理论面对不同个体间存在严重福利差异的情况时，需要借助福利比较等工具，以确保社会的决策既公正，又能够在广泛参与的基础上形成。这也使得社会选择理论在实践中更为复杂，要求更深入的研究和思考，既能够维护个体权益，又能够实现整体社会利益最大化。

福利标准的烦琐和复杂性是社会选择理论中一直存在的难题。尽管 Bergson[①]曾提出社会福利函数可以避免这些问题，但是阿罗的不可能性定理揭示了一般性社会偏好不存在的事实，导致解决这一问题更加困难。核心问题在于，在序数效用条件下，我们只能观察到福利的增减情况，无法衡量具体数量和偏好的强度。这导致民主的合理决策机制变得异常复杂。有些人会认为，社会选择中最常见的决策机制是投票，通常以人数最大化而非集体福利最大化为标准。总体而言，阿罗不可能性定理表明，通过民主手段实现社会福利的最大化是不可

---

① Bergson A. A Reformulation of Certain Aspects of Welfare Economics[J]. The Quarterly Journal of Economics, 1938, 52(2): 310-334.

能的。这一结论进一步强调了在社会选择领域中所面临的深刻困境，即如何在存在不同偏好和复杂利益关系的情况下，实现公正和有效的决策。

杜森贝[①]在其著作《收入、储蓄与消费者行为》中深刻阐述了个体消费行为与个人收入之间的密切关系。研究表明，个体的消费决策不仅受到个人收入水平的直接影响，还受到周围人的消费行为、其收入水平以及这些相互关系的综合影响。这表明，相对收入对消费具有重要影响。而消费本身也能反过来影响个体的心情和整体福利，进一步地将个体的相对收入与周遭社会环境密切相连，因为人们往往会通过比较自己与他人的收入水平来评估自身的经济状况。这种相对收入的观念可能引导个体在消费上做出不同的选择，从而形成独特的消费行为模式。相对收入的影响不仅仅体现在消费水平上，更在一定程度上影响了个体的心理状态和整体福祉。个体往往会将自己的经济状况与周围的人进行比较，而非仅仅关注绝对数值。这种比较导致了相对贫富感，进而影响到个体的情绪和生活满意度。因此，个体的消费行为不再是基于个人收入水平，而是受到社会环境的复杂影响，周边人的购买决策、生活方式以及社会地位在一定程度上塑造了个体的消费观念和行为模式。这互相交织的影响关系构建了一个复杂而动态的社会经济网络，对整体社会的经济稳定和个体的心理健康都产生了深远的影响。

米香进一步强调了相对收入在个体福利评价中的重要性。她认为，个体对福利的评价不仅仅受到自身绝对收入水平的影响，还受到相对收入水平的塑造。这意味着个体对自己在整个社会中的相对位置有着敏感的认知，这种认知将深刻地影响其对生活质量和幸福感的追求。进一步拓展这一理念，我们可以考虑到社会中存在的一种心理现象，即相对贫困感：即使个体的收入相对较高，但如果他们感受到自己在社会比较中的不利位置，仍然可能产生相对贫困感，从而影响其整体福利评价。这强调了社会比较在个体福利感知中的深刻作用，也反映了米香所提到的个体对收入分配的敏感性，表现出一种对公平感的追求。她指出，个体更愿意看到自己的收入减少5%，而不愿意看到别人的收入减少10%。这表明在个体心理中存在对于公平和社会正义的强烈渴望[②]。这种倾向可能推动个体在追求福利时更加注重社会的整体平等和公正。这些观点

①　Duesenberry J S. Income, Saving, and the Theory of Consumer Behavior（Economic Studies：No. 87）[M]. Cambridge：Harvard University Press，1949.

②　[美]米香 E J. 经济增长的代价[M]. 任保平，梁炜，等，译. 北京：机械工业出版社，2011.

不仅对个体心理学和行为经济学提供了深入的理解，同时也在社会政策制定中具有一定的指导意义。考虑到相对收入的影响，社会应该致力于建立更加公平和包容的收入分配机制，以满足个体对于社会公平的期望，从而促进整体社会的福祉提升。

综合来看，阿罗不可能性定理在经济学领域引发了广泛关注，激发了学者们对社会福利问题的深入研究。李特尔和萨缪尔森等学者的研究成果被认为是对阿罗定理的重要回应。他们[1][2]认为，阿罗否定的并非社会福利函数的存在性，而是适用于所有可能的个人偏好组合的集体选择机制的存在性。在阿罗的理论中，他强调了一般性社会偏好的不存在，即找不到一种适用于所有可能的个人偏好组合的集体选择机制。然而，这一观点后来受到肯普和黄等学者独立研究的挑战。他们证明，在非常一般的情形下，即便是针对一个给定的个人偏好组合而设计的"加总"机制也无法同时满足类似于阿罗不可能定理所要求的温和条件[3][4]。这一发现被称为"肯普-黄"不可能定理。该定理表明，试图通过否认阿罗不可能定理来避免社会偏好决定机制不可能存在的问题是不可行的。此外，"肯普-黄"不可能定理提出了在实践中设计适用于所有情境的集体选择机制的困难。这一定理使人们认识到，即便是为了一个特定的个人偏好组合，也很难找到一种令所有成员满意的集体选择机制。这种挑战性的局面突显了社会福利问题的复杂性和多样性。总体而言，李特尔和萨缪尔森的研究为社会选择理论的发展提供了重要观点，而"肯普-黄"不可能定理则强调了在集体选择机制设计中所面临的现实困境。这些理论促使学者们更深入地思考社会福利的本质，并寻求更具体的解决方案，以更好地应对不同背景下的集体决策挑战。

(四)后福利经济学时代

20世纪70年代以来，以阿马蒂亚·森的研究成果为标志，西方福利经济学经历了一场重大变革。森等学者深入探讨"阿罗不可能性定理"的根本原因，

---

① Little I M. Social Choice and Individual Values[J]. The Journal of Political Economy, 1952, 60(5): 422-432.

② Samuelson P A. Arrow's Mathematical Politics[J]. Human Values and Economic Policy, 1967: 41-51.

③ Kapteyn A, Van Herwaarden F G. Interdependent Welfare Functions and Optimal Income Distribution[J]. Journal of Public Economics, 1980, 14(3): 375-397.

④ 黄有光. 效率, 公平与公共政策[M]. 北京: 社会科学文献出版社, 2003.

并指出这一定理仅适用于投票式的集体选择规则。这类规则存在困境，无法揭示人际效用比较信息，而阿罗提出的社会福利函数同样排除了其他类型的集体选择规则，导致了不可能性的结论。新福利经济学采用了序数效用，却显示出一系列无法克服的缺陷，阿罗的工作恰好揭露了这些缺陷。

根据阿马蒂亚·森的观点，在新福利经济学中，个体效用之间存在不可比性的假设起着至关重要的作用。在阿罗的定理中，这一前提具有决定性的意义。如果缺乏这一假设，阿罗的定理注定无法成立；而如果接受这一假设，阿罗的定理又显得空洞且乏味。在论文《帕累托自由的不可能性》①中，森提出了著名的"森不可能定理"，主张以序数效用论为基础的帕累托准则与自由主义原则存在冲突。在森看来，帕累托准则和自由主义准则在现实的道德准则下都是正确的。因此，新福利经济学的价值论基础——序数效用论才是问题的关键所在。对于新福利经济学家而言，发展这一学科必须超越旧福利经济学基于基数效用论的一般基础。在方法论的层面上，森的论文对帕累托最优进行了深刻的阐述。森指出，帕累托最优的假设在福利理论领域并非价值中立，相反，它与自由主义原则存在矛盾。造成上述表象的原因是由于根据帕累托标准，未能为个体的自由空间提供必要的保护。相对于序数效用的局限性，基数效用的引入为克服这一问题提供了一种可能性。基数效用不仅提供了个体偏好的排序，还包含了偏好的强度和数量信息，从而为社会秩序的建立提供更多可能性。

在《集体选择与社会福利》②一书中，阿马蒂亚·森对社会选择理论进行了深刻研究，旨在揭示社会政策、个体偏好和社会选择之间错综复杂的关系。该研究不仅对经济学领域有着深远的影响，而且为福利经济学提供了一种更为综合和精细的分析框架。森的研究强调了社会选择机制对个体偏好的敏感性。他认为，不同的社会选择规则会产生不同的结果，这反映了个体之间的多样性和社会的复杂性。在这一框架下，社会选择不再被简化为一种机械的规则，而是受到包括文化、价值观念以及社会结构等各种因素的交织影响。此外，森关注了社会选择的公正性和民主性。他强调了社会选择规则的公正性对于社会福利的重要性，并提出了更全面的考量，包括个体权利和社会正义。在这个视角下，社会选择不只是对个体利益的衡量，更是社会公正和民主价值的体现。

---

① Sen A K. The impossibility of a Paretian liberal[J]. Journal of Political Economy, 1970, 78(1): 152-157.

② [印]阿马蒂亚·森. 集体选择与社会福利[M]. 胡的的, 胡毓达, 译. 上海：上海科学技术出版社, 2004.

在《伦理学与经济学》①一书中，森将伦理学重新引入主流经济学学说，深入阐述了经济行为与道德、经济学与道德哲学以及自由与结果等重要问题。他指出，传统福利经济学因过度强调"效用主义"假设而忽视伦理判断，错误地认为经济学中的伦理认知无关紧要。森坚持认为，人际效用的比较是具有价值的，并努力开发这些比较的可用信息。他批判了泛伦理主义在福利经济学中的盛行趋势，纠正了狭隘的经济观点。在书中，森指出传统福利经济学的概念分析工具的不足之处。例如，效用主义者简单地将权力视为获取其他物质的工具，而忽视了权力关系和权力满足的内在约束。他认为，过分强调工具主义或将经济学视为标准化"工程学"的观点，限制了学科的发展。因此，森强调应进一步加强经济学与伦理学之间的联系，而非削弱。他认为，经济学与伦理学的分离并未推动经济学的发展，反而导致了"福利经济学的贫困化"，削弱了其对经济学的描述和预测的基础。

在《以自由看待发展》②一书中，阿马蒂亚·森深刻地探讨了个体的福祉、自由和能力之间的紧密关系。他强调，发展不仅仅是经济增长和物质繁荣，更应该关注个体的自由和能力的提升，以及这些因素如何共同塑造个人的整体福祉。森提出了"能力"的概念，将其定义为个体实现其潜能和潜在自由的能力。他认为，人们的福祉不仅仅取决于物质状况，还包括个体能够实现的潜在选择和生活方式。因此，森指出，个体能力的扩展和自由的提升应该成为发展过程中成功的标志。在这一理念下，森进一步阐述了社会政策和发展战略在提高个体福祉方面的重要性。他强调，教育、卫生、社会正义等方面的投资不仅可以提高经济指标，更重要的是实现个体能力和自由的途径。通过确保人们获得高质量的教育、医疗保健以及公正的社会制度，社会能够创造条件，使个体能够更充分地参与社会、实现个人目标并享受更高层次的福祉。

综合来看，阿马蒂亚·森的福利经济学思想呈现出多层次的丰富性和深刻性。他的贡献涵盖了社会选择理论、公共经济学以及发展经济学等领域。他在社会选择理论上的研究将福利经济学从传统的效用主义和帕累托标准中解放出来。他强调了社会选择机制对个体偏好的敏感性，提出了多元化、复杂性的社会选择框架，使得福利经济学能够更好地解释现实社会中的多样性和复杂性。

① [印]阿马蒂亚·森. 伦理学与经济学[M]. 王宇，王文玉，译. 北京：商务印书馆，2014.

② [印]阿马蒂亚·森. 以自由看待发展[M]. 任赜，于真，译. 北京：中国人民大学出版社，2002.

同时，森关注社会选择规则的公正性，将其与个体权利和社会正义相结合。他认为，社会选择不仅仅是衡量个体效用，更是反映社会公正和民主价值。这一思考提高了福利经济学的理论水平，使其更贴近实际社会的伦理和道德关切。此外，森在伦理学与经济学的交叉领域进行了研究，强调了伦理判断在福利经济学中的重要性。他的论述使福利经济学更加关注伦理价值，引导学者和决策者在考虑福利政策时更全面地权衡伦理因素。森提出的"能力主义"理论打破了传统福利经济学中对效用的狭隘理解，将福祉定义为个体实现其潜在能力的程度。这一观点使福利经济学更加关注非经济领域，如健康、教育和社会参与等因素对个体福祉的影响，从而使福祉概念更为多元化。总的来说，森的福利经济学思想为学科的发展开辟了新的道路，使其更为综合、深入，并引领福利经济学走向更加人文、全面的领域。

二、经济福利测度理论的演进

经济福利理论的演进历程是经济学领域中一场思想的盛宴，其历程承载了人类对社会幸福与繁荣的不懈追求。从庇古的福利测度到当代可持续发展视角下的经济福利理论，这一演进的历程既是理论体系的不断完善，也是对社会变革的回应。

(一) 经济福利测度：庇古的福利经济学视角

阿瑟·庇古，作为福利经济学的杰出代表，是英国著名的经济学家之一。他毕生致力于深入研究福利问题，将社会福利视为经济研究的核心，因此成为福利经济学领域的奠基人之一。在庇古看来，社会福利不仅仅是一种研究方向，而且也是他从事科学研究的动机和目标①。他的研究旨在寻找简便而可行的方法，以促进社会福利的全面提升。庇古以其深刻的洞察力和理论贡献而闻名，他对福利经济学的贡献不仅仅在于提出了最大幸福原则，还在于他对福利测度和社会制度设计的深入思考。

与马歇尔等经济理论的奠基人一脉相承，阿瑟·庇古在其研究中坚持主观边际效用理论(基数效用)。庇古认为，效用是个体主观感受的结果，不同的人对同一商品或服务可能会有不同的效用。这种主观性使经济学家需要一种客

---

① [英]阿瑟·赛西尔·庇古. 福利经济学[M]. 朱泱，等，译. 北京：商务印书馆，2006.

观的手段来对效用进行测度。在这一点上，庇古借鉴了马歇尔等经济学理论先驱的观点，将货币引入福利测度的考量中。这被视为一种客观的、可衡量的标准，通过货币来衡量，可以更为准确地反映个体的福利水平。在《福利经济学》一书中，福利被划分为广义福利和狭义福利。由于广义福利难以具体计量，且具有主观性和个体差异较大等特征，因此，在庇古的福利测量体系中，其研究的重点在于狭义福利，即可以用货币计量的那部分社会福利，也就是经济福利。在这个视角下，一个人的经济福利是由各个个体效用构成的，而全社会的经济福利则是所有个体效用的总和。庇古的这一观点突显了个体之间的相互关联，可以通过总结个体的福利贡献得到整个社会的经济福利水平，这也为后来的经济福利测量提供了一个基本的分析框架。

在测度福利时，庇古的核心放在经济福利的货币或收入上，实际上是基于新古典经济学中的基数效用理论。可以说，庇古的福利概念与幸福密切相关，而他对经济福利的定义与效用概念相当一致。庇古本人对此并不掩饰，他在《欲望与效用》的第2章中明确指出，一个人愿意用货币支付多少来获取某一物品，可以被视为对该物品欲望强烈程度的度量，而效用的概念则在此背景下被引入，用以表示欲望的强度，其与实际满足的关系是自然而然的。①庇古坦言，他使用"效用"这一术语来衡量欲望强度，这与满足的程度息息相关。在欲望与效用的关系中，庇古强调货币作为衡量欲望的强烈程度的手段，通过个体为获取特定物品而愿意支付的货币量，来反映其对该物品的欲望程度。这种观点可视为对新古典经济学中边际效用理论的延续，其中货币作为一种客观的衡量单位，用以度量个体对不同商品或服务的欲望。值得注意的是，庇古在描述效用时，强调满足与它的自然关联。这一观点在当代福利经济学中仍然具有启发意义。不同商品或服务的获得往往与个体的整体生活满意度相关，而货币则成为联系欲望和实际满足之间的纽带。为了避免混淆，一些学者使用类似"合意"等词汇替代效用这一概念，但庇古的使用确立了"效用"这一术语在经济学中的核心地位。

鉴于经济福利可以通过货币进行计量，这使得国民收入被视为社会客观收入中可用货币测度的一部分。基于这一理念，庇古认为，"经济因素并非直接地，而是通过经济学家所谓的国民所得或国民收入，对一个国家的经济福利产生影响……因此，经济福利和国民收入这两个概念是相互等同的。因此，对它

---

① [英]阿瑟·赛西尔·庇古. 福利经济学[M]. 朱泱，等，译. 北京：商务印书馆，2006.

们中的任何一个概念的描述都相当于对另一个概念的相应描述。"①在这一观点中，庇古将国民收入与经济福利相等同，强调了二者之间的密切关系。国民收入不再仅仅是一国经济的统计指标，而是被视为经济福利的客观表现，是对社会福利的客观度量。这种相互关系凸显了经济活动对整体社会福利的直接影响。拓展至当代，这一观点引导我们思考国民收入的真实含义以及其对社会福利的反映程度。随着对福利经济学的不断深入研究，我们更加关注国民收入背后所蕴含的社会福利元素，更全面地理解经济活动对整体社会福祉的贡献。在考虑国民收入增长的同时，需关注分配公平、环境可持续性等方面，以实现更为全面的社会发展目标。

审视庇古的经济福利测度思想，其核心论点可归纳为两个方面：一是国民收入被视为社会福利的测度指标，另一个是国民收入量的增加和国民收入分配是福利经济学研究的主题。庇古在其论述中强调了"在许多限定性条件下"这一前提，小心谨慎阐述论点。然而，这些"限定性条件"制约了庇古理论的解释力，其中两个关键点值得特别关注。首先，庇古将国民收入作为测度社会总体经济福利的指标，这暗含了效用在不同个体之间的可比性。这一点后来成为经济学研究中的一个难题，因为在个体之间存在差异的情况下，确保货币转移对性格相似的人公平合理是相当具有挑战性的。这一问题涉及信息获取和效用度量的主观性。

其次，如何确保收入分配的变化不会导致国民收入递减，是庇古理论中的另一个关键点。按照庇古的假设，货币边际效用递减会导致一个逻辑上的极端结论，即收入完全均等分配是经济福利的最大化。然而，这也引发了一个常识层面的问题：如果收入完全均等分配，如何激励个体努力工作以实现国民收入的最大化？这个问题涉及激励机制，即在经济体制中，如何通过合理的分配机制来激发人们的积极性。在实践中，计划经济时期，全员平均分配的"大锅饭"制度导致了工作效率下降的现象。因此，虽然庇古的思想得出了一些有力的经济福利结论，但也存在一些难以回避的问题，这促使后来的经济学家在其基础上进行进一步的讨论和修正。

（二）经济福利测度：消费者偏好和效用视角

对福利理念的重新审视，不断推动着福利经济学的发展和实践的演进。传

---

①　[英]阿瑟·赛西尔·庇古. 福利经济学[M]. 朱泱，等，译. 北京：商务印书馆，2006：38.

统的福利测度方法主要依赖宏观经济指标，如国民收入等，作为主要衡量标准。然而，这一方法存在一个根本性的问题，即它无法全面考虑到个体之间的多样性和主观感受的差异。在这一背景下，消费者主观偏好理论应运而生，为经济福利的测度研究提供了崭新的视角，突显了个体对于福祉的独特需求和评价标准。

消费者主观偏好理论的根基深植于心理经济学、行为经济学等多个交叉学科。这一理论强调了个体对商品和服务的主观喜好和价值观，将福利测度的核心从传统的经济指标拓展至包括个体对商品和服务的期望和满意度。通过建立效用函数等工具，研究者们试图量化和理解这些主观偏好，并将其视为评估社会福祉的关键要素。在消费者主观偏好理论中，个体的选择行为被视为福利测度的关键，而个体在面对不同选择时的偏好表现被认为是福祉的直接体现①。在这一理论框架下，市场中的个体选择、消费决策以及生活方式的选择都被视为经济福利测度的组成部分。

在消费者主观偏好理论的框架下，效用作为连接消费者行为与经济福利的纽带，发挥着关键的作用，深刻地塑造着市场机制的运作方式以及社会资源的合理配置。效用的核心内涵不仅仅在于量化个体的心理满足，更重要的是反映个体对各种选择的偏好和欢愉。为了量化效用，经济学家赋予效用具体的数值，以便更好地理解和分析消费者的选择行为。因此，效用的基本内涵在于度量消费者感知商品或服务带来的心理满足，其大小与个体对不同选择的偏好息息相关。一般而言，心理满足程度越高，效用越大，反之，则越小。保罗·萨缪尔森②曾提出一种幸福方程式，即幸福=效用/欲望，换言之，效用=幸福 * 欲望。据此，可以得知，效用与幸福和欲望呈正比关系。然而，由于效用取决于个体的心理感受，而这些感受因人而异，因此如何度量和比较不同个体的效用水平，一直是福利经济学中最关键且最容易引起争议的问题。新旧福利经济学在这一点上也存在严重的分歧，基于这种差异，经济学家们提出了两种不同的效用测量理论——基数效用理论和序数效用理论。

基数效用理论主张效用是一种客观、可计量且可加总的概念，可以通过特定数值的赋值来比较不同情境下的效用大小。例如，某消费者喝一瓶啤酒获得的心理满足为 5 个效用单位，而享用一顿烧烤的心理满足为 10 个效用单位。

① Kahneman D, Diener E, Schwarz N. Well-being: The Foundations of Hedonic Psychology [M]. New York: Russell Sage Foundation, 1999.

② [美]保罗·萨缪尔森[M]. 经济学. 北京：商务印书馆，2013.

如果该消费者在享用烧烤时喝了两瓶啤酒，那么他可获得的总心理满足为 20 个效用单位。基数效用理论的两个核心观点是：首先，效用可以被测量和赋值；其次，个体间的效用水平是可以比较的。在分析方法上，基数效用理论运用了边际效用分析。在消费者行为理论中，边际效用表示每增加一单位某商品或服务的消费所带来的心理满足程度。根据边际效用递减规律，随着个体对某商品或服务的连续增加消费，个体从每增加的消费单位中获得的边际效用递减。当个体消费某物品达到一定数量时，其获得的总效用达到最大值；超过这一点，效用开始呈负值。这一理论为经济学家提供了一个理论框架，通过测量效用的具体数值，更深入地理解和解释消费者行为背后的动机和决策过程。然而，一些经济学家认为效用的大小难以准确衡量，对效用的比较只能通过顺序或等级的方式进行表示。实证经济学家罗宾斯①主张经济学应避免使用基数效用，因为许多经济学中的规范性结论源于对基数效用的运用。希克斯和艾伦②提出效用作为一种心理现象是不可计量的，在埃奇沃思"无差异曲线"的基础上，他们引入了"序数效用"的概念。基于帕累托标准，他们发展出了新的福利经济学，自此以后，序数效用逐渐在主流经济学中取代了基数效用，成为分析消费者行为的主要工具。

序数效用理论基于一种理解，即效用实质上是一种纯粹的主观感受，不存在客观标准，因此也无法用确切的数值来准确测量和表示。在考虑心理满足程度时，可以根据满足的高低和个体的偏好顺序进行排序。基于前述案例，消费者在喝啤酒和吃烧烤中获得的效用无法以具体数值衡量，更何况进行加总，因为这两种消费很可能产生不同的心理感觉。然而，在考虑到个体偏好的前提下，我们却可以比较这两种效用。如果此消费者认为吃烧烤带来的心理满足大于喝啤酒，就能够确认吃烧烤的效用排在第一位，而喝啤酒的效用排在第二位，排序的结果因此自然而然地呈现。基于这种分析方法，可以在既定价格和收入水平下，为不同消费者确定一种最大偏好状态，即最优的偏好状态。换言之，可以无差异曲线的形式反映不同福利水平下的消费组合和个体偏好选择。然而，尽管无差异曲线对于展示个体福利选择提供了直观的工具，但它却无法在具体数值上准确表示个体间的效用差异。正是由于这一缺陷，福利经济学在

①　Robbins L. An Essay on the Nature and Significance of Economic Science[M]. London: Machillan Co. , Limited, 1932.

②　Hicks J R, Allen R G. A Reconsideration of the Theory of Value[J]. Economica, 1934 (1): 52-76.

20 世纪 70 年代以来逐渐出现了基数效用理论的回归趋势。

叶航①②指出，序数效用替代基数效用的现象引发了一系列混乱，同时对经济学发展产生了影响。例如，NG③以蚂蚁叮和投入硫酸池的场景作为富有趣味的例子，生动地描绘了基数效用与序数效用之间的关系。若将当前状况记作 A，将状况 B 描述为 A 外加上一次蚂蚁叮的情境，将状况 C 定义为被投入硫酸池中的感觉，那么我们能够清晰地表达对这些情境的相对偏好。然而，在这一序数效用的框架下，难以精确量化 A 相对于 B 的偏好程度，也难以精确量化 B 相对于 C 的偏好程度。这个生动的比喻为我们提供了更具体的理解，强调了序数效用理论在描述偏好时可能存在的困难。

或许这些学者对基数效用的理解是正确的。在今后的发展中，"序数效用论"仍未能取代"基数效用论"，这两种理论在西方经济学教材中并存，可能是因为"脱离基数，任何序数都无法提供全面的解释"这一理由。从这个角度看，主流经济学家尚未完全弃用"基数效用论"，并在教学中广泛使用，可能是因为当前技术水平尚无法充分证明效用具有基数性质，同时也无法提供一种衡量"效用"的标准单位。这种论断表明，尽管"序数效用论"得到了广泛讨论，但对于"基数效用论"的坚持可能是出于对理论完备性的考虑。或许，目前的技术和方法不能充分解决效用的基数性质问题，也未能提供一个确切的度量单位，因而"基数效用论"在经济学教学中仍然保持一席之地。这种观点引发了学者们对效用理论的深入思考，促使学者们不仅关注替代性理论的发展，同时也致力于更全面、准确地理解和测量经济主体的经济福利。

(三) 经济福利测度：可持续发展视角

可持续发展已经成为 21 世纪全球发展的主导理念之一。其核心原则在于在满足当前社会需求的同时，必须确保不损害或耗尽资源，以保障未来世代的需求同样得以满足。这引发了学术界对经济福利测度方法和指标的深刻反思，在摆脱传统的狭隘经济视角的背景下，寻求更全面、综合并考虑可持续性的测量指标和方法。

① 叶航. 西方经济学效用范式的逻辑缺陷[J]. 经济学家，2003(1)：93-97.

② 叶航. 效率与公平：一个建立在基数效用论上的新视角——黄有光新著《效率、公平与公共政策》评析[J]. 管理世界，2003(12)：150-153.

③ Ng Y. Environmentally Responsible Happy Nation Index: Towards an Internationally Acceptable National Success Indicator[J]. Social Indicators Research, 2008, 85(3)：425-446.

在希克斯的经典著作《价值与资本》①中，他首次提出了可持续收入的概念，这标志着对经济福利测度的一次重要演进。希克斯的贡献在于他强调了在考虑收入水平对经济福利进行测度时，必须考虑可持续性的观点。他将可持续收入定义为"在个体在期末和期初拥有同样财富余额的情况下能够进行的最大消费"。这一概念的重要性在于突显了经济福利的可持续性，而非仅关注当前状态。希克斯的个人可持续收入概念很容易被推广到社会层面。在维持社会总体财富不变的情况下，社会的可持续收入可以被理解为社会能够获得的最大可支配资源。这种思想为后续关于可持续发展的讨论奠定了基础。随着 20 世纪70 年代中后期环境问题的日益凸显，全球开始关注可持续发展的观念。环境的恶化和资源的过度使用引发了对经济发展模式的深刻反思。各种建立在净福利基础上的可持续福利指标开始涌现，这些指标超越了传统经济学的框架，从更广泛的生态、社会和经济层面讨论了经济发展目标和福利的衡量问题。在这一时期，人们逐渐认识到仅仅追求经济增长是不够的，必须在经济活动中考虑社会和环境的可持续性。可持续发展理念从简单的经济尺度转向了更综合的社会生态尺度。

1972 年，在联合国的人类环境会议上，全球各方达成了一致认识：不论是发达国家还是发展中国家，都面临着共同的责任，即以维护和改善环境为当务之急。与此同时，会议还明确了社会经济发展的新目标，即实现可持续发展。这标志着国际社会在环境问题上形成了共同的理念，认为经济发展和自然环境的保护必须共同推进。随后的 1987 年，由世界环境与发展委员会领导的报告《我们共同的未来》正式提出了可持续发展的概念，并对其内涵进行了明确定义。可持续发展的核心理念在于，在满足当代人的需求的同时，不影响后代人满足其需求的能力。这一定义强调了时间跨度上的平衡，将可持续发展置于一个更为全面和长远的视野中。自此以后，可持续发展的理念逐渐深入人心，成为各国经济发展和政策制定的普遍共识。这一理念的树立标志着全球共同努力，呼吁国际社会对于维护地球生态平衡和社会经济平衡的关切，以实现可持续发展的目标。

1986 年，世界银行的经济学家 Daly 和 Cobb 在 *For the Common Good*：*Redirecting the Economy Toward Community*，*the Environment*，*and a Sustainable Future* 中首次提出了一种独特的经济福利指数，即可持续经济福利指数(Index of Sustainable Economic Welfare，ISEW)，其独特之处在于以个人消费为起点进

---

① Hicks J R. Value and Capital[M]. Oxford：Oxford University Press，1975.

行研究。该指数可以看作是对国内生产总值(GDP)的一种修正,其核心观点是私人消费支出总额决定社会的经济福利。因此,提出了从 GDP 中扣除公共支出和私人投资支出,以得到 ISEW 的调整基础,即消费总额。ISEW 的计算方法涉及多个方面,首先是计算社会总支出中来自私人部门的消费支出,再加上对福利的非货币化贡献,例如家庭劳动和志愿者形成的价值,以及政府的非防御性公共支出。这一步骤有助于得到私人部门消费的所有商品和劳务的总价值。其次,需要在此消费基础上扣减经济增长所带来的负面影响,包括环境污染治理成本、私人防御性支出以及不可再生资源的减少等因素。这样一来,就形成了原始的 ISEW 指标体系。为了更全面地考虑社会的经济福利,这个指标综合了多个关键因素。通过引入对福利的非货币化贡献和扣减负面环境影响等因素,ISEW 试图提供一个更为综合和持续的经济福利测度,以弥补传统 GDP 的局限性。这一研究为经济学和可持续发展领域提供了一种新的衡量方式,呼吁更全面、平衡的经济增长模式。

可持续经济福利指数(ISEW)因其在客观性和可操作性方面的明显优势而日益受到经济学家的青睐,引起了广泛的关注和响应。多个国家,包括德国、奥地利、意大利、丹麦等国在内的多个国家都进行了 ISEW 的估算。然而,尽管 ISEW 在福利测度中取得了显著的成功,但对其的批评也从未停歇。这些批评主要包括以下几个方面:

(1)矛盾定位问题:ISEW 试图既将自身定位为当前福利指标,又试图兼具可持续性指标的角色,两者之间存在矛盾。因为影响当前福利的因素并不总是会对可持续性产生相同的影响,反之亦然。

(2)指标选择和估值方法的自由性:ISEW 在福利指标选择和估值方法方面具有较大的自由度,这降低了不同研究结果的可比性,也导致研究方法和具体指标缺乏统一性。

(3)漏掉人力资本因素:ISEW 在考量福利因素时,忽略了人力资本的影响,这被认为是其不足之处。

(4)忽视了闲暇对福利的影响:ISEW 在对福利的计算时未充分考虑闲暇对个体福祉的影响,这被认为是一个局限。

(5)单一货币指标问题:ISEW 作为一个单一的指标,过于强调货币衡量,可能掩盖了一些无法货币化的问题,如社会分配。

尽管 ISEW 在其应用过程中受到一些批评,作为一个综合性的经济福利指数,它仍然在福利测度领域占据着重要地位。为了进一步提升 ISEW 方法在实践中的可操作性和准确性,对它的改进和深化至关重要。这样的改进努力有望解决先前提到的批评，从而加强 ISEW 在福利测度领域的广泛适用性。其中，一个备受瞩目的新指标命名为真实发展指标(Genuine Progress Indicator，GPI)。该指标的关注点不仅仅局限于经济增长，还关心个体健康、社会互动、自然资源可持续利用等方面，从而深化了对福利的多维度理解。这种全面性的考量有望为决策者提供更全面和深入的信息，使其能够更全面地权衡经济发展与社会、环境的可持续性①。

GPI 的引入不仅在理论上具有重要意义，也为政策制定者提供了指导。相较于 ISEW，GPI 更加注重对非市场行为的核算，例如，志愿者活动和休闲时间的变动，使其更为细致入微地反映了社会互动和个体生活质量的变化。这种更为细致的方法有助于提高福利测度的精确度和可靠性，为政策制定提供更具实质性的支持。在实践中，GPI 的应用也取得了显著成功。目前许多国家都在编制 GPI 指标，一些学者甚至乐观地预言，GPI 可能在不久的将来替代 GDP 成为国民经济核算最重要的指标。相较于 GDP，GPI 的内涵更为丰富，能够更全面地引导公共行动的决策者关注福利的多个方面。各国研究者应用 GPI 进行研究的结果普遍表明，人均 GPI 的增长没有与人均 GDP 的增长保持相同的趋势，甚至出现了相反的趋势。这一趋势的出现表明了 GPI 的应用不只是拓展了对经济活动的认知，也提供了更深刻的理解社会福祉的方式。通过关注除了经济产出之外的因素，如环境可持续性、社会互动、个体健康等，GPI 为政策制定者提供了更全面的信息，有助于制定更符合社会全面福祉目标的决策。这种综合性的指标有望帮助国家在国民经济核算和政策制定方面更加科学、全面地评估从而引导社会的良性发展。

尽管 GPI 在理论和实践中有了一些进展，但仍存在一些挑战。举例而言，GPI 的选择指标被指责过于武断。尽管它考虑了闲暇的成本，却未充分考虑这些成本是否已经在家庭和个人的行为决策中得到反映，也未对影响福利的因素提供足够的客观解释。在实际核算中，GPI 涉及许多具有主观性的项目，这可能导致在确定哪些项目应该增加和减少方面存在理论上的不一致。对福利的有益性的判断是主观性的，牵涉人的价值观和人际利益比较，进而引发社会福利函数和社会选择理论中的复杂问题。这些理论无法解决的问题使得经济福利概念在统计实践中难以制度化，因为缺乏统一的口径。此外，许多项目，如环境恶化和城市拥挤造成的损失，以及家务劳动和闲暇时间的收益，都面临难以准

---

① Talberth J, Weisdorf M. Genuine Progress Indicator 2.0: Poilt Accounts for the US, Maryland, and City of Baltimore 2012-2014[J]. Ecological Economics, 2017(42): 1-11.

确货币化的挑战，尤其是对于那些无法或很少进行交易的活动，缺乏市场定价。因此，GPI在实际评估中持续经历修订和完善，各国在评估时会根据各自情况对各种项目进行调整。

三、小结

福利问题作为人类社会关系的基本问题，涉及个体需求与社会利益之间微妙而复杂的平衡，构成了现代社会福利思想的核心焦点。自20世纪20年代创立至今，福利经济学在过去80多年的发展中经历了一场深刻而富有启示的演变，从旧福利经济学向后福利经济学过渡，并呈现出多层次、多维度的拓展。早期的福利经济学主要聚焦在资源分配的效率和市场机制的作用上。它强调通过经济手段最大化社会总福祉，同时注重市场的自发调节机制。然而，随着社会的不断发展和变革，人们逐渐意识到简单追求经济效益并不能全面解决福利问题。这一现象促使福利经济学向更全面、更人本主义的方向拓展。而后福利经济学强调对社会公平、正义和对弱势群体的关怀。它意识到福利问题不仅仅是经济效益的问题，还涉及社会中不同群体的平等与公正。这种转变标志着福利经济学的拓展，不再仅仅关注财富的分配，而是更加全面地考虑个体权益、社会包容性和可持续发展。

福利经济学由理论到实践，并开始涉足医疗、教育、就业等多个领域，力求建立更全面、更包容的社会福利体系。这种拓展是对社会多元需求的回应，使福利经济学的研究更加贴近现实，更具实践指导性。然而，福利经济学的拓展也面临一系列挑战。全球化、科技革命等因素使得福利问题变得更加复杂，需要更加灵活、创新的政策来回应。同时，不同文化、价值观的碰撞使全球性福利政策的制定变得更复杂。在这个背景下，福利经济学需要在不断拓展的同时，积极适应社会的动态变化，寻求更创新、更可持续的解决方案。总体而言，福利经济学的发展是对人类社会关系深刻认知的产物，是对福利问题多层面、多维度思考的结果。随着社会不断演变，福利经济学应继续拓展其研究领域，以更好地回应人类社会的需求，为构建更加公平、包容的社会福祉体系贡献智慧和力量。

综合来看，从庇古的福利测度到当代可持续发展视角下的经济福利测度，这一演进的历程既是经济福利测度理论体系的不断完善，也是对社会变革的深刻回应。庇古的福利测度为经济福利理论的开篇提供了基础。通过边际效用的概念，他试图衡量经济政策对个体福利的影响。然而，庇古的方法仍然受到局限，主要集中在个体层面，难以全面把握整体社会福祉。这促使经济学家后续提出了更为综合的经济福利理论。

随着社会的发展，福利理论逐渐从个体层面扩展到整体社会。帕累托强调，通过资源的重新配置，可以实现某些人的福利提升，而不损害其他人的福利。这为福利理论的演进打开了新的篇章，使其不再仅仅关注分配问题，而更着眼于社会整体效益。然而，帕累托的理论仍未解决分配不公的现象，引起了一系列批评。凯恩斯通过提出社会福利函数，强调政府在资源分配中的积极作用，试图通过调整收入分配来提高整体社会福祉水平。这一举措增添了政府角色，使其更具可操作性。

20 世纪中期，阿罗等学者进一步推动了福利理论的演进历程。他们提出了社会选择理论，强调了个体偏好的聚合，试图找到一种公正的社会决策规则。然而，社会选择理论也面临种种困难，如阿罗悖论等，使福利理论的研究进入了一个新的挑战阶段。进入 21 世纪，随着全球可持续发展理念的兴起，经济福利理论再次受到挑战和启发。从可持续发展的视角出发，福利理论强调经济活动应该同时满足当前和未来世代的需求，注重环境、社会和经济的协调发展。这使得福利理论不再仅仅局限于经济增长和资源分配，而是更加注重社会的整体健康。总体而言，从个体层面到整体社会，从资源分配到社会选择，再到可持续发展，福利理论在不断的完善中回应了社会变革的呼声。经济学家们不断挑战与超越理论体系的历程，也反映了他们对人类社会福祉更深刻的理解。目前，经济福利测度理论依然面临着一系列亟待解决的问题。

首先，现有的福利理论在考虑个体偏好时存在一定的主观性，难以客观、全面地反映不同群体的实际需求。个体的主观感受受到文化、教育和社会环境等多方面因素的影响，因此，福利理论需要使用更科学的方法来度量个体福祉，避免过度依赖主观感受，确保测度结果更加客观、准确。

其次，社会选择理论中的公共选择难题是亟待解决的难题之一。在实践中，如何公正地整合个体的偏好来制定社会决策，仍然是一个复杂而具有争议性的问题，存在着无法绕过的社会悖论，这使得找到一个能够广泛接受的社会决策规则变得异常困难。未来的研究需要更深入地思考社会选择的机制，以更好地平衡各方利益。

再次，当前经济福利理论在可持续发展方面的关注还需要进一步加强。尽管可持续发展已经成为全球共识，但在福利测度中如何准确衡量和评估可持续性的因素仍是一个亟待解决的难题。未来应当加强对环境、社会和经济三者之间的相互作用的研究，为建立更全面、可持续的福利体系提供有力的支持。

最后，经济福利理论的发展需要更广泛的参与和更多的跨学科合作。社会福利是一个复杂的系统，不仅受经济学的影响，还受到社会学、心理学、环境学等多学科的综合影响。未来的研究应当更加注重多学科的融合，推进跨界合作，以更全面、全球的视角理解和解决福利问题。

综上，尽管经济福利测度理论在演进过程中取得了显著的成就，但仍然面临一系列亟待解决的问题。后期的理论发展还应不断拓展福利测度框架，提高福利理论的客观性，解决社会选择理论中存在的问题，并适应全球化的挑战。

第三章　经济福利测度的方法

国民总收入(GNP)和国内生产总值(GDP)作为经济活动的核心指标,长期以来一直被视为衡量国家经济繁荣与发展的基础性工具。然而,随着社会对经济福利多元性的关注不断增加,以及对 GDP 等传统指标存在局限性的认识逐渐加深,近年来涌现了各种衡量国民经济的新方法。本章将深入探讨国民总收入和国内生产总值,同时重点分析近年来涌现的一些新方法,以期更全面地理解经济福利的多元性。

一、经济福利的主观衡量

在早期,功利主义者和边际效用论者将效用视为一种可通过数学计量来衡量的概念,代表着人们的快乐程度。然而,这种计量中一直存在着一个难以克服的问题,即难以对效用的基数进行计量。随着 20 世纪中后期心理学和神经科学的发展,古典的效用理论开始复兴,幸福和快乐重新引起经济学家的关注。这种趋势甚至演变成了一门独立的经济学分支,被称为快乐经济学或幸福经济学。在这一领域,社会福利的测度侧重于直接汇总人们的幸福感,进而形成社会幸福指数。尽管本研究可能并不直接涉及社会幸福的测量,但最近的研究方法和结果与经济福利存在相似之处,甚至提出了一种称为"门槛假设"的理论。这一假设在某种程度上弥补了古典效用理论的不足。它强调个体对于幸福感的底线要求,使我们能够更深入地理解福利提升的真正意义。这也呼应了社会福利测度中对人们幸福感直接汇总的趋势,强调了福利研究中更加贴近人们真实需求的方法,更符合人们的实际需求。

在心理学领域,关于主观幸福感的研究一直是一个备受关注的议题,有时也称为心理幸福感。在国内,一些学者将直接测度社会幸福的理论称为主观福利研究,这体现了对个体主观感受的强调。而在西方学者的研究中,人们自我报告的幸福被称为心理幸福和主观幸福,强调了个体对于自身幸福感的主观评价。在使用生理性方法时,如类似于埃奇沃斯提出的"快乐计"式仪器来测量脑电波并记录幸福程度，这被视为客观福利的一种衡量方式。值得注意的是，这里的客观福利并非指对于客观对象（如财富、收入等）的直接衡量，而是通过生理性工具来衡量个体的幸福感。至于主观的幸福，尽管以前的理论承认社会的目标是追求人们的幸福，但由于个体幸福的衡量存在困难，社会总体幸福往往显得遥不可及。在过去的理论中，要么放弃对幸福的直接衡量，要么转向对幸福的间接衡量。因此，近年来的研究更加强调直接测量个体主观幸福满意度的理论。这一新兴的观点被称作"福利的主观衡量"，或者更广义地称为"社会幸福测度"。相较于以前的理论，这种方法更注重直接从个体处获取关于其幸福感的信息，强调个体在社会中的幸福感是可以直接衡量和理解的。

在 *Subjective Well-Being*：*The Science of Happiness and Life Satisfaction* 一书中，Diener[①] 等学者采用了多样的测量方法，包括自我报告量表、体验抽样方法以及生态瞬时评估技术，以全面评估主观幸福感。该研究团队深入研究了影响主观幸福感的众多因素，包括内在要素，如人格特征和遗传，以及外部要素，如社交关系、工作和收入等。研究者们在书中深刻探讨了主观幸福感的多样性，承认了其在文化和个体之间存在的差异，并强调在理解和提升幸福感时必须全面考虑文化背景和个体差异。Veenhoven[②] 运用问卷调查和其他心理学测量工具，系统性地了解个体对自身幸福水平的主观感受。他的研究聚焦于主观幸福感的多层面，深化了对个体心理状态的理解。Clark[③] 等人的研究则在整合心理学和经济学的理论方面做出了重要贡献。他们深入探讨了相对收入对幸福感和效用的影响，为解释伊斯特林悖论等经济学谜题提供了新的视角。通过在主观幸福感和相对经济地位之间建立联系，他们为理解人类幸福感的复杂性提供了深刻的经济学见解。

宏观层面的国民幸福指数理论在国际上引起了广泛关注，各国纷纷提出独特的幸福指数以全面评估国民的生活幸福感。比如，美国的世界价值研究机构推出了"幸福指数"，凸显了对主观幸福感的重视；而日本则提出了考虑文化方面因素的国民幸福总值，突破了传统经济指标的束缚。2008 年，法国总统

① Diener E. Lucas R E. Oishi S. Subjective Well-being：The Science of Happiness and Life Satisfaction[M]. Oxford：Oxford University Press，2002.

② Veenhoven R. Is Happiness Relative? [J]. Social Indicators Research，1991，24(1)：1-34.

③ Clark A E，Frijters P，Shields M A. Relative Income，Happiness，and Utility：An Explanation for the Easterlin Paradox and Other Puzzles[J]. Journal of Economic Literature，2008，46(1)：95-144.

萨科齐聘请普林斯顿大学心理学教授丹尼尔·卡内曼和经济学教授艾伦·克鲁格，共同设计了法国独特的"国民幸福指数体系"。荷兰 Erasmus 大学的 Ruut 教授领导建立了幸福测量数据库的工作，致力于研究和发布各个国家的幸福程度测量结果。这一数据库的建立为国际社会提供了有力的工具，使各国能够更深入地了解其国民的生活满意度和幸福感，从而促进了国际间的合作和经验分享。

目前，幸福指数的数据主要来源于被调查者自行报告。研究机构通常将幸福程度分为多个等级，并要求受访者选择适用的等级，随后对这些数据进行汇总，得到社会幸福指数，并对各种因素对幸福的影响进行深入分析。以美国一般社会调查为例，曾经就生活满意度提出问题："综合考虑各个方面，你认为最近的生活怎么样？"调查者可以从三个备选答案中选择：非常幸福、幸福或不太幸福。这种设计使得研究者能够获得受访者对自己生活幸福程度的直观评价。另一方面，世界价值研究机构采用了不同的方法，要求被调查者在一个由1(不满意)到10(满意)的10个数字中选择答案，以评估其对生活的整体满意度。这种量化的方式为更精确地衡量幸福感提供了一种有效的工具。

学者 Diener[①] 等在 *National Accounts of Subjective Well-Being* 一文中，采用自我报告的方法对主观幸福感进行测量。在文章中，主观幸福感被分成了非常不满意（Very Dissatisfied）、不满意（Dissatisfied）、稍微不满意（Slightly Dissatisfied）、中等（Neutral）、稍微满意（Slightly Satisfied）、满意（Satisfied）和非常满意（Very Satisfied）7个等级。通过整合这些自我报告的数据，研究者构建了"国家幸福账户"，旨在补充现有反映国家生活质量的经济和社会指标。Kahneman[②] 等学者在实验经济学领域做出开创性贡献，引入了"旧重现法"来测算国民幸福。这一方法的基本步骤涉及对人们日常活动进行分类，根据他们的主观评价将活动分级。每个主观评价级别与相应的幸福水平关联，使用0~6分进行表示，0分代表最不幸福，6分则表示最幸福。具体而言，不同主观评价对应的幸福水平是通过对大量代表性人群对这些活动进行评价的结果来确定的。然后，我们再对人们在不同活动上所花费的时间进行统计，并将其作为权重，用以计算国民幸福总值。这一方法通过使用大样本统计数据，有效地平滑

①　Diener E, Oishi S, Lucas R E. National Accounts of Subjective Well-being [J]. American Psychologist, 2015, 70(3)：234-242.

②　Easterlin R. Does Economic Growth Improve the Human Lot? Some Empirical Evidence[J]. Social Indicators Research, 1980, 8(2)：199-221.

了个体对这些活动进行幸福评价时的差异。从方法学的角度看，这种方法具有较高的科学性，因此成为构建国民幸福核算体系的基础。综合来看，Diener 和 Kahneman 等学者对于国民幸福核算体系的前景非常乐观，他们预测，就像国民收入核算体系在第二次世界大战后成为衡量宏观经济运行的方法一样，国民幸福核算账户有望在未来取代国民收入核算账户，成为衡量社会发展水平的重要指标。这样的"国民幸福指数"有望逐渐替代国民生产总值或国内生产总值成为重要的总体衡量指标。

在研究经济增长与社会幸福指数的关系时，一些研究发现，时间序列数据并未显示出幸福水平与经济增长之间存在长期正相关关系。研究者发现，对于发达国家而言，持续的经济增长并不能显著提高其幸福水平。Easterlin 的研究揭示了社会平均幸福水平存在定值现象，在这方面，通常不随着国内生产总值（GDP）的增加而持续上升。Easterlin 强调，经济增长并非直接等同于社会福利的提高，因为个人幸福水平受到诸多因素的显著影响，包括心理满足感、家庭生活质量、健康水平、基本人权、失业和通货膨胀等。这一现象被称为幸福与收入悖论，即 Easterlin 悖论。近期的研究也证实了 Easterlin 的观点，强调了幸福感受多因素影响。例如，一项由 Clark、Frijters 和 Shields（2008）[1]进行的研究发现，相对收入、家庭关系和健康等因素在解释幸福感上起到了关键作用。此外，Kahneman 和 Deaton[2] 的研究指出，高收入虽然可以提高人们对生活的评价，但并没有显著提升幸福感。

此外，学者们还深入研究了多种因素对幸福感的影响，结果显示基因因素、性格特征、年龄、性别、种族、健康状况、宗教信仰等因素都对个体的福祉状态产生了显著影响。这些因素相互交织，塑造了一个人在主观感受上的生活幸福度。Diener[3] 等人的综述研究强调了基因在幸福感中的作用，并指出基因在个体的幸福感水平上具有一定的遗传性。同时，Oishi、Diener 和 Lucas[4]

① Clark A E, Frijters P, Shields M. A Relative Income, Happiness, and Utility: An Explanation for the Easterlin Paradox and Other Puzzles[J]. Journal of Economic Literature, 2008, 46(1): 95-144.

② Kahneman D, Deaton A. High Income Improves Evaluation of Life But Not Emotional Well-being[J]. Proceedings of the National Academy of Sciences, 2010, 107(38): 16489-16493.

③ Diener E, Oishi S, Lucas R E. National Accounts of Subjective Well-being [J]. American Psychologist, 2015, 70(3): 234-242.

④ Oishi S, Diener E, Lucas R E. The Optimum Level of Well-being: Can People Be Too Happy? [J]. Perspectives on Psychological Science, 2007, 2(4): 346-360.

的研究发现，乐观和外向等性格因素，与更高的生活满意度相关。此外，Blanchflower 和 Oswald① 的研究表明，随着年龄的增长，人们对生活的满意度呈现出 U 形曲线的趋势，即随着年龄的增长，满意度先下降后上升。性别、种族和健康状况也在幸福感研究中引起了广泛关注。根据 Stutzer 和 Frey② 的研究，女性通常在幸福感上表现得更敏感。在种族方面，Helliwell③ 等人的研究发现，社会中的种族多样性与幸福感之间存在一定的关联。此外，健康状况影响幸福感，身体健康的恶化可能导致幸福感的下降④。最后，宗教信仰也是幸福感研究中的重要因素之一。INGLEHART⑤ 的研究表明，信仰宗教的人往往在幸福感上表现得更积极。这些研究共同揭示了幸福感是一个多层面、多因素共同作用的复杂现象，为更深入理解和提升幸福感提供了有益的启示。

二、经济福利的客观衡量

经济福利的客观衡量一直是社会经济学和公共政策领域的核心议题。如何全面、准确地衡量一个国家或群体的经济福利，涉及广泛的指标和方法。

(一)国民收入核算

国民收入是衡量经济福利客观水平的关键指标之一，对于反映一个国家或地区整体福利水平起着至关重要的作用。这一指标不仅是经济运行状况的重要体现，还直接影响到居民的生活水平和社会的整体繁荣。国民收入的量化尝试可以追溯到 17 世纪的经济学家威廉·配第。他在《政治算术》中首次尝试对国民总收入、总产出和总支出进行数量测定，并提出国民收入不仅来自物质产品

---

① Blanchflower D G, Oswald A J. Well-being Over Time in Britain and the USA［J］. Journal of Public Economics，2004，88(7-8)：1359-1386.

② Stutzer A, Frey B S. Recent Developments in the Economics of Happiness：A Selective Overview［D］. Cheltenham：Edward Elgar Publishing，2013.

③ Helliwell J F, Layard R, Sachs J. World Happiness Report 2020［EB/OL］. https：//worldhappiness. report/ed/2020/，2020-05-01.

④ Dolan P, Peasgood T, White M. Do We Really Know What Makes Us Happy? A Review of the Economic Literature on the Factors Associated with Subjective Well-being［J］. Journal of Economic Psychology，2008，29(1)：94-122.

⑤ Inglehart R. Culture shift in advanced industrial society［M］. Princeton：Princeton University Press，1990.

的生产，还包括服务的提供。这一概念的出现标志着国民收入概念的初现，并且逐渐演变为衡量经济发展的重要指标之一，成为评价宏观经济政策和社会变革的重要工具。然而，通常被认为，现代国民收入核算体系的确立始于20世纪30年代。大萧条的暴发和凯恩斯宏观经济理论的兴起推动了国民收入核算体系的建立。面对美国政府在经济政策制定上的困境，经济学家库兹涅茨受委托设计并建立了国民收入核算体系。国际上关于核算的标准和规范逐渐形成，直至20世纪50年代，成为现今广泛沿用的国民经济核算体系。

国民经济核算体系中的关键概念是国民收入，它涵盖了一国所生产的所有商品和劳务，其价值以这些商品在市场上的价格表示。在资本主义社会，国民生产总值的统计标准通过联合国的努力得到了统一。国民收入随后成为评估经济发展水平和国别横向比较的主要指标，被认为是20世纪重要的发明之一。例如，在联合国制定的四个十年发展战略中，对于发展中国家的国民生产总值年增长量设定了具体要求。然而，随着跨国公司的崛起和生产全球化的趋势，企业所有权关系变得越来越模糊。因此，自20世纪80年代以来，国民收入的评估标准转向为地域标准的生产地。国内生产总值（GDP）逐步取代了国民生产总值，成为国民经济核算中的主导指标。1993年，联合国统计委员会通过了新修订的国民经济核算体系，这也是目前各国基本可以达成共识的经济发展指标。这一演变反映了全球经济格局的变化和国际贸易的增长，强调了在评估国家经济状况时地域标准的重要性。这也说明国民经济核算体系不断发展，致力于更好地适应全球化时代的经济实践。

在库兹涅茨国民经济核算体系中，库兹涅茨将国民收入定义为一个国家所生产的全部经济产品的净价值。他强调，国民收入应该是所有有益的经济活动的综合体现，其价值评估标准在于这些活动是否能够为该国的成员在当前和未来带来福祉①。这一定义凸显了国民收入的全面性，将其视为衡量国家整体经济状况和居民生活水平的重要指标。换言之，通过度量国民收入，可以间接度量社会的经济福利。该种度量方法也得到了公众的广泛认可，成为评估一个国家整体繁荣和居民生活水平的重要标准。然而，在深入探讨国民收入与社会经济福利之间的关系时，需要更全面地考虑多个方面的因素。国民收入的增长并不一定全部直接转化为社会的全面福祉提升。在这一过程中，收入分配的不均衡、社会服务的不足以及环境可持续性等因素都成为影响社会经济福利全面发

---

① Kuzents S. National income and its composition, 1919-1938[M]. New York: National Bureau of Economic Research, 1941.

展的关键因素。因此，在进行国民收入评估时，必须同时关注上述维度的指标，以更全面、深入地了解社会的真实发展状况。

(二)综合环境经济核算

自20世纪70年代以来，经济增长对环境和资源的负面影响日益显著，引起了广泛关注。特别是在环境恶化和资源过度使用等问题日益凸显的情况下，人们逐渐认识到传统的国内生产总值体系忽视了自然资源和环境质量，它已经成为一个明显的缺陷，制约了其在可持续发展方面的作用。为了解决这一问题，联合国统计司(United Nations Statistics Division)于1993年对传统的国民经济核算体系进行了修订，并提出了综合环境经济核算体系。这一举措旨在从可持续发展的角度出发，对国民收入总值或国内收入总值进行改进。2003年，联合国与欧洲委员会、国际货币基金组织、经济合作与发展组织以及世界银行等五大国际机构共同推出了综合环境经济核算体系的核算手册，并以白皮书的形式发布，这标志着综合环境经济核算体系的2003版本正式形成，其中绿色国内生产总值(Green GDP)作为标志性指标。这一体系的目标是为了更全面地核算各国的环境与经济变动，从而更好地指导可持续发展的战略和政策。

2003年版的综合环境经济核算体系，包括对国民财富的核算，涵盖了物质形式和货币形式两个关键维度。这一全面而系统的核算体系涵盖了四类主要账户，每个账户都从不同角度提供对国家财富状况的详尽洞察：

(1)物质和混合流量账户：该账户详细记录了资源获取、利用和消耗的情况，包括能源、原材料等物质资源的运动轨迹，以及各种混合流量的变化。通过对这些数据的收集和分析，物质和混合流量账户为国家提供了直观的资源利用洞察，为决策者提供了科学的环境政策支持。

(2)经济账户和环境处理：该账户涵盖了多个方面，包括生产、消费、投资和贸易等经济活动对环境的直接和间接影响。经济账户部分关注资源在经济活动中的使用情况，包括各个产业的原材料和能源消耗等。同时，环境账户部分记录了环境处理活动，例如废物处理和排放，为评估国家的环境绩效提供了细致入微的数据。

(3)资产的物质与货币核算账户：该账户主要分为物质核算和货币核算两个方面。在物质核算方面，该账户记录了国家的自然资源、能源、土地和水资源等物质资产的获取、转化和利用情况；而在货币核算方面，该账户主要关注国家的金融和投资活动，记录了各类资产的货币价值，包括生产设备、基础设施和其他经济资产。

（4）考虑资源及环境耗损、预防性支出和等级下降对国民经济核算体系调整的总量账户：该账户记录了资源的开采和利用所导致的环境耗损，包括空气、水、土壤等要素。同时，对于采取的预防性支出和环境治理措施进行了详细记录，这将有助于评估国家在可持续发展方面的表现，揭示经济增长所带来的负面影响，并为制定环境保护政策提供科学依据。

总体而言，综合环境经济核算体系是一个核算自然环境、经济活动以及它们之间相互关系的系统账户体系。该体系包括物质（自然）单位账户和货币单位账户，避免了单一货币单位的局限性。最终，它呈现两个综合性的货币总量，一个是流量指标，即绿色 GDP，另一个是资产类的存量指标。从优点来说，综合环境经济核算体系在完整保留了国民核算体系方法的基础上，展现出了卓越的可操作性。通过对传统国民经济核算数据的巧妙调整，可以获取一系列综合环境经济核算的指标。在本质上，这与真实进步指数（GPI）的理念高度一致。通过对国内生产总值（GDP）进行必要的调整，考虑到生态环境和自然资源的动态变化，可以获得一项货币化的指标，即绿色 GDP。然而，综合环境经济核算体系中也存在一些缺陷。其中一个困难层面在于估算环境污染的社会成本，这一过程仍然面临具体技术障碍。另一个困难层面在于数据的受限，很多研究只能在各种假设下运用逻辑推理生成人为数据，而非基于实际经验观测的数据，因此带有一定的主观色彩。这些问题影响了综合环境经济核算体系在揭示真实环境与经济相互关系方面的准确性和客观性。

（三）可持续经济福利核算

可持续发展是当前社会发展和经济学研究中的关键主题，旨在确保满足当前需求的同时，不损害未来世代的能力，满足其需求。然而，传统的经济指标，如国内生产总值（GDP），未能全面反映社会、环境和经济的全貌。为了更全面地评估和衡量社会进步，可持续经济福祉指标应运而生。在经济学家戴利和科布（1989）的研究中，他们提出了可持续经济福祉指标（Index of Sustainable Economic Welfare，ISEW），旨在超越传统的 GDP，更全面地考虑了个体福祉、环境和社会公平。ISEW 通过引入了一系列因素，包括个人消费不平等、健康和教育支出、家庭劳动和志愿工作，以及环境成本等，对 GDP 进行调整。本书将深入探讨 ISEW 作为可持续发展目标中的重要指标，分析其特点，应用领域以及与其他指标的比较。在过去的几十年里，全球范围内对可持续发展的追求日益凸显，从 1992 年联合国全球地球峰会上发布的《21 世纪议程》到不断涌现的各种环保倡议。在这个背景下，经济学家、政策制定者和研究者们对如何更好地衡量和实现可持续发展提出了新的挑战和任务。ISEW 作为一个综合性的指标，尝试弥补传统经济指标的不足，为实现经济繁荣、社会公正和环境健康提供了一个更全面的视角。通过对 ISEW 的深入研究，我们将能够更好地理解可持续经济福祉指标的内涵、应用和潜在作用。

ISEW 的计算始于私人消费的价值，这也是 GDP 计算的起点。戴利和科布[1]认为，对于一个贫困家庭而言，额外的 1000 美元收入对福祉的贡献要比对富裕家庭更有益。因此，私人消费必须根据收入分配的基尼指数进行合理的调整。Stockhammer 等研究者[2]认为，分配是福祉的一个关键组成部分，只有整个社会都能分享这种福祉，社会福祉才有可能实现。在进行 ISEW 核算时，增加经济福祉的项目被视为正值，而减少经济福祉的项目则被视为负。举例来说，一些正向的利益包括源自家庭劳动、耐用品和交通网络的服务；而一些负面的项目则包括健康和教育成本（因为它们被视为防御性支出）、耐用品的成本、通勤和道路事故。此外，其他成本与环境问题密切相关，如空气、水和噪声污染，以及农田和湿地的丧失，长期环境损害，以及不可再生资源的耗竭。特别是，后者是未来世代不得不承担的成本，应从当前一代资本的估算中扣除。

ISEW 的计算包括不同的项目（详见表 3.1）。项目 A 是参考年份；项目 B 和 D 分别是原始消费和调整后的消费。后者是基于收入分配的基尼指数（项目 C）计算的。项目 E、F、G 和 H 是正值，对应于对福祉有贡献但在传统国家核算中未予考虑的服务。项目 I 到 Q 是负值，因为它们纠正了相对于私人消费水平的经济福祉的高估。项目 R、S、T 和 U 通常是负值，因为它们是对自然资本结构性分数的消费的估计，而在福祉方面并没有真正的相对应。

① Daly H E, Cobb J B. The Green National Product: a Proposed Index of Sustainable Economic Welfare[J]. Lanham: University of American, 1994: 97-110.

② Stockhammer E, Hochreiter H, Hobermayr B, Steiner K. The Index of Sustainable Economic Welfare (ISEW) as an Alternative to GDP in Measuring Economic Welfare. The Result of the Austrian (revised) ISEW Calculation, 1955-1992. Ecological Economics, 1997(21): 19-34.

表 3.1　　　　　　　　可持续经济福利指标(ISEW)的项目

项目 A：年份	项目 I：成本-耐用消费品	项目 Q：噪声污染成本
项目 B：私人消费	项目 J：私人防御性教育和医疗费用	项目 R：湿地丧失成本
项目 C：收入分配指数	项目 K：本地广告费用	项目 S：农田丧失
项目 D：调整后的私人消费计算	项目 L：通勤费用	项目 T：非可再生资源耗竭
项目 E：服务-家庭劳动	项目 M：城市化成本	项目 U：长期环境损害
项目 F：服务-耐用消费品	项目 N：交通事故成本	项目 V：净资本增长
项目 G：公共基础设施的服务	项目 O：水污染成本	项目 W：可持续经济福祉指标
项目 H：公共医疗和教育成本	项目 P：空气污染成本	

根据戴利、科布等学者的研究，ISEW 详细描述整个过程的步骤如下：

项目 A：年份

项目 B：私人消费

私人消费作为直接影响经济福祉的基本变量，戴科和利布①认为，家庭对商品和服务的大量支出是健康的经济和富裕的社会的重要指标。该数据一般来自国家或地方统计局的统计报告。

项目 C：收入分配指数

一般来说，私人消费并不能真正反映一个群体的经济福祉，因此必须对其进行调整以反映更加现实的条件。戴利和科布②提出了一个收入分配指数，用于调整私人消费水平。为了估算调整后的消费，进行了一项调查，产生了评估收入分配不平等的两种替代方法：基尼指数和阿特金森指数。基尼指数的变动

---

① Daly H E, Cobb J B. The Green National Product：a Proposed Index of Sustainable Economic Welfare[M]. Lanham：University Press of American，1994：97-110.

② Daly H E, Cobb J B. The Green National Product：a Proposed Index of Sustainable Economic Welfare[M]. Lanham：University Press of American，1994：97-110.

范围在 0 到 1 之间，其中 0 表示完美的收入分配，而 1 表示最大的不平等。基尼指数已经被 Guenno 和 Tiezzi① 以及 Costanza② 等人在最近关于 GPI 的研究中使用。阿特金森指数被 Jackson③ 等人采用。据许多经济学家观点，阿特金森指数基于效用函数因而更加准确。

项目 D：调整后的私人消费计算

调整后的私人消费是在应用所有其他正负修改的基础上计算而得的。戴利和科布使用它来计算经济福祉的程度，他们认为在世界范围内所有经济模型中都存在一定程度的收入分配不平等。

项目 E：服务——家庭劳动

在可持续经济福祉指标中，项目 E 旨在量化家庭劳动对经济福祉的贡献。家庭劳动包括清洁、烹饪和照顾儿童等活动，这些活动尽管未涉及货币交易，但却直接影响经济福祉。为了估算这一贡献，Guenno 和 Tiezzi④ 首先获取了家庭主妇、失业人员和学生的数量，然后假定家庭主妇每天花费 8 小时进行家务劳动，失业人员每天花费 4 小时，学生每天花费 2 小时。然后，通过将家庭劳动所产生的每小时收入(市场的平均工资)乘以 14 岁以上人群在家中花费的小时数，进而可以计算出家庭劳动的经济价值。

项目 F：服务——耐用消费品

对耐用消费品(如汽车和家电)的支出并不能真实反映与这些商品相关的消费者福利，因此必须考虑这些商品的使用寿命。在 ISEW 的计算中，与这些商品相关的服务被视为福利，而初始资本(项目 I)则是从私人消费中减去的费用。家用电器往往比它们应有的使用寿命更快损坏，导致私人消费的增加，却并没有真正促进经济福祉。根据戴利和科布的方法，由于他们估计这类商品的

①　Guenno G, Tiezzi S. The Index of Sustainable Economic Welfare (ISEW) for Italy[R]. Fondazione Enrico Mattei, Milano, Italy, Worknote 5. 98, 1998.

②　Costanza R, Erickson J, Fligger K, Adams A, Adams C, Altschuler B, Balter S, Fisher B, Hike J, Kelly J, Kerr T, McCauley M, Montone K, Rauch M, Schmiedeskamp K, Saxton D, Sparacino L, Tusinski W, Williams L. Estimates of the Genuine Progress Indicator (GPI) for Vermont, Chittenden County and Burlington, from 1950 to 2000[J]. Ecological Economics, 2004, 51: 139-155.

③　Jackson T, Laing F, MacGillivary A, Marks N, Ralls J, Stymne S. An Index of Sustainable Economic Welfare for the UK 1950-1996. University of Surrey Centre for Environmental Strategy, Guildford, UK, 1997.

④　Guenno G, Tiezzi S. The Index of Sustainable Economic Welfare (ISEW) for Italy. Fondazione Enrico Mattei, Milano, Italy, Worknote 5. 98, 1998.

使用寿命为 10 年，因此服务只占总库存的 10%。

项目 G：公共基础设施的服务

戴利和科布认为，除了来自公共基础设施的服务(项目 G)以及卫生和教育成本(项目 H)外，其他公共成本不应成为经济福祉的组成部分，因为它们是防御性成本的一部分。事实上，管理成本的增长并不对净经济福祉做出贡献，因为它阻止了经济福祉的下降，保障了安全、健康的环境以及有利于贸易和商业的条件。一般来说，人们在不支付直接货币贡献的情况下使用基础设施。项目 G 的价值等于道路系统服务的价值之和(等于其维护成本)以及城市发展、水分配、城市卫生的当前公共支出的价值，如果没有这些支出，这些服务将不可用。

项目 H：公共医疗和教育成本

公共医疗和教育成本应该包括在 GDP 中，因为它们是公共支出的一部分，这是一个普遍认可的观点。然而，这个问题比看起来复杂得多。由于测量公共行政提供的服务类型的需求的固有困难，将公共医疗和教育支出的增加与经济福祉的增加联系起来并不容易。根据戴利和科布的观点，有一部分医疗和教育支出对经济福祉有贡献，应将其加到私人消费中。虽然戴利和科布认为，这些支出的 50%是防御性成本，不应加入指数计算，但 Guenno 和 Tiezzi[①]认为，只有 50%的医疗费用是防御性的。因此，在这些学者的论著中，添加了公共教育费用和医疗费用的比例。

项目 I：成本——耐用消费品

耐用消费品的支出反映了对私人消费的负面调整，因为这一项已经包含在项目 F 中，即私人消费的服务中。

项目 J：私人防御性教育和医疗费用

在项目 H 中，将一部分公共医疗和教育支出视为增加经济福祉的非防御性成本。为了更清晰地了解整体医疗和教育成本，计算时需从总消费中扣除私人防御性成本。将私人医疗费用的 50%和私人教育费用的 50%视为防御性成本，并从私人消费中扣除。

项目 K：本地广告费用

国家广告费旨在刺激或维持对某种产品的需求，但没有真正的福祉相对应；相反，在地方层面，广告通过传播信息也起到了服务社会的作用，因此应

---

① Guenno G, Tiezzi S. The Index of Sustainable Economic Welfare (ISEW) for Italy[R]. Fondazione Enrico Mattei, Milano, Italy, Worknote 5. 98, 1998.

该添加一部分本地广告费用。

项目 L：通勤费用

Daly 和 Cobb[①]、Guenno 和 Tiezzi[②]认为，与私人汽车和公共交通工具有关的费用，以及与公共和私人车辆维护相关的费用的 30%，直接与通勤费用有关，按照以下公式计算：

$$T=0.3*(X-0.3X)+0.3Y+0.3T_1 \tag{3-1}$$

其中：T=通勤的直接费用；X=汽车和其他私人车辆的费用；0.3X=私人汽车的摊销费用的估计部分；在这种情况下，应排除了它，因为它已经包含在项目 F 中；0.3=与通勤有关的非商业车辆使用和本地公共交通中的乘客英里的估计部分；Y=公共交通车票支出；T_1=公共和私人车辆维护的费用。

项目 M：城市化成本

通常情况下，城市地区人口密度的增加意味着土地和房价上涨。购房提供了高度的满足感，但房产的价值往往只在极少数特殊情况下得以维持。人们涌向城市地区，刺激了房屋供应的增加，在一定程度上抵消了因过度拥挤而导致的价格上涨，并受到地方政府批准的多年城市规划的监管。因此，这一数字没有从私人消费中减去。

项目 N：交通事故成本

在 ISEW 的计算中，与 GDP 不同，这些成本是一个负项，因为它们减少了经济福祉。交通事故的成本是根据保险费总支付额计算的。

项目 O：水污染成本

由于水污染会对人体健康和环境带来危害，因此，在 ISEW 核算中必须扣除水污染造成的成本。水质是根据 BOD(生化需氧量)和 COD(化学需氧量)等参数确定的，而污染成本则根据有机污染水平的减少进行计算。

项目 P：空气污染成本

这一成本的估算可分为六大类，包括对农业生产的损害、物质损害、清洁工具的成本、酸雨引起的损害、城市退化和建筑物和周围环境的损害。通过排放类型及其每吨排放削减的成本，成本与排放量相乘，得出上述污染物在一年内的空气污染成本。

---

① Daly H E, Cobb J B. The Green National Product: a Proposed Index of Sustainable Economic Welfare[M]. Lanham: University Press of American, 1994: 97-110.

② Guenno G, Tiezzi S. The Index of Sustainable Economic Welfare (ISEW) for Italy[R]. Fondazione Enrico Mattei, Milano, Italy, Worknote 5. 98, 1998.

项目 Q：噪声污染成本

在国内大部分地区，噪声污染并非一个实质性的问题。虽然已经采取了一些措施来测量和减少城市中的噪声污染，但其结果却非常有限。

项目 R：湿地丧失成本

湿地是地球上一些生物生产力非常高的栖息地。它们在自然界中扮演着重要的角色，提供了丰富的生态服务，如水质净化、生物多样性维护等。然而，由于其难以货币化，湿地的价值通常未被纳入经济核算，而是被视为自然资本的一部分。ISEW 通过估算湿地转为其他用途时失去的服务价值来解释这一问题。以 1999 年为例，意大利锡耶纳省的湿地面积增加，这得益于当地政府实施的填平蒙特普尔恰诺湖盆地的项目。因此，给湿地面积增加正向的经济价值似乎是合理的，因为它增进了经济福祉。

项目 S：农田丧失

农田的生产力对每个社会都至关重要的，然而，由于城市扩张和不良的土地管理，农田面临逐渐减少的威胁。这些破坏性过程，如侵蚀、密集的农业实践以及有机物分解等，导致农田的枯竭和产量的下降。对这种丧失进行货币价值的评估是一项艰巨且富有争议的任务。根据 1990 年和 2000 年的第四次和第五次农业普查提供的数据，可以观察到受损农田面积的增加，这代表了由于用途变更而导致的可用生物生产力土地的永久性丧失[1][2]。通过将 1990 年和 2000 年的值之间的差异除以 10，可以得到每年的农田耗竭量。这一项目强调农田对每个社会的重要性，并凸显了由于不良用地管理和城市扩张而导致的农田面积减少对社会和经济的负面影响。在确保未来粮食安全和维持生态平衡方面，保护和可持续管理农田显得尤为关键。

项目 T：非可再生资源耗竭

非可再生资源包括了矿产、化石燃料和其他自然资源，其利用速度超过了它们再生或形成的速度，这种过度的利用可能对当前和未来的经济福祉产生负面影响。在可持续经济福祉指标（ISEW）中，项目 T 考虑了非可再生资源的耗竭对经济福祉的影响。根据 El Serafy[3] 的观点，应将资源提取的经济利润的一

---

① ISTAT. 1990-Istituto Nazionale di Statistica. 4°Censimento dell'Agricoltura. Roma, Italy [EB/OL]. http：//www. regione. toscana. it/cif/pubblica/cen90407/indic407. htm, 2023-06-01.

② ISTAT. 2000-Istituto Nazionale di Statistica. 5°Censimento dell'Agricoltura. Roma, Italy [EB/OL]. http：//censagr. istat. it/toscana. pdf, 2023-07-26.

③ El Serafy S. The proper calculation of income from depletable natural resources//Ahmad Y J, Serafy S E, Lutz E, (Eds) Environmental Accounting for Sustainable Development[J]. An UNDP-World Bank Symposium, World Bank, Washington, DC. 1988：10-18.

部分重新投资，以保护经济系统产生可持续收入的能力，从而造福未来的一代。El Serafy 的公式如下：

$$R - X = R\left(\frac{1}{(1+r)^{n+1}}\right) \tag{3-2}$$

其中：X 是年收入，R 是减去提取成本后的提取收入，r 是贴现率，n 是资源存量的剩余寿命。

在处理可持续收入概念时，Santos 和 Zaratan[①] 将收入分成量部分：一个可供消费的部分（$X \leqslant R$），以及必须投资以确保未来收入流的资本部分（$R-X$）。由于贴现未来代的效用在道德上是不可接受的，Daly 和 Cobb[②] 选择将贴现率设为 0，从而导致 X 的值为零。因此，来自非可再生资源销售的总净收益的价值被视为一种折旧，这意味着全部收入不是用于当前消费，而是必须用于保护未来资源和维持可持续的经济流。

项目 U：长期环境损害

在经济福祉的长期可持续性方面，保护和维护自然生态系统是至关重要的，因为这些系统是生物生产的关键来源。然而，现代社会和经济结构往往采用短视的商业实践，推崇对自然规律漠视以及对生态系统无法适应的技术设备。生产产生有毒废物、二氧化碳排放、核废物以及氯氟烃等，它们的长期有害影响都构成了真实的代价，而这些代价将由未来的代际承担。为了量化长期环境损害，Daly 和 Cobb[③] 主要关注四种主要污染物，包括 CO_2、NO_X、CH_4 和 CFC。环境长期受损与化石燃料的使用和能源消耗成正比。因此，需比较汽油、柴油燃料、燃料油、甲烷和电力消耗的时间序列。这一项目的目标是突显由经济活动引起的长期环境影响，特别是与气候变化相关的因素。通过引入时间序列数据，可以更全面地了解环境损害的累积效应，从而促使采取更可持续的发展路径。

项目 V：净资本增长

为了维持长期经济福祉，每位工人应逐渐增加或保持稳定的资本供给。

① Santos T M, Zaratan M L. Mineral Resources Accounting：A Technique for Monitoring the Philippine Mining Industry for Sustainable Development[J]. Journal of Asian Earth Sciences, 1997, 15, 2-3：155-160.

② Daly H E, Cobb J B. The Green National Product：a Proposed Index of Sustainable Economic Welfare[M]. Lanham：University Press of American, 1994：97-110.

③ Daly H E, Cobb J B. The Green National Product：a Proposed Index of Sustainable Economic Welfare[M]. Lanham：University Press of American, 1994：97-110.

ISEW 通过添加新资本的存量(ΔK)并减去资本需求(CR：维持资本存量所需的金额来计算净资本增长(NCG)。其中，$NCG = \Delta K - CR$，$\Delta K = K - K - 1$，$CR = (\Delta L/L)K-1$。CR 是通过将劳动力变动的百分比($\Delta L/L$)与前一年的资本存量($K-1$)相乘而获得的①。这一项目的目标是考量资本的增长对于长期经济福祉的关键性。通过评估新资本的存量以及维持当前资本水平所需的投资，可以更好地了解一个社会是否运行在可持续的经济轨迹上。项目 V 的综合考虑有助于确保资本的适当增长，以满足劳动力的需求，从而维持和促进经济活动的长期稳定。

项目 W：可持续经济福祉指标

ISEW 作为可持续经济福祉的衡量标准，相对于 GDP 作为经济绩效的衡量标准，具有以下主要特征：涵盖收入分配变化；反映额外的收入对穷人而言比对富人更为重要；包括家庭劳动；排除用于抵消社会和环境成本的费用，即"防御性支出"；包括长期环境损害和自然资本折旧；包括人造资本的净产值（即投资）。

这一逐项分析表明，在社会中，随着环境和社会问题变得越来越重要，ISEW 能够补充 GDP。通过综合考虑这些因素，ISEW 提供了一个更全面的经济福祉度量，更好地反映了社会的可持续性和整体繁荣。

总体而言，由于 GDP 在指标设计方面存在多种缺陷，并且在实际统计实践中面临各种问题，经济增长同时也带来了许多非经济因素的变化，这些因素导致 GDP 与社会经济福祉之间存在偏差。综合环境核算体系和可持续经济福利指标正是基于这些缺陷的调整而提出的，都是基于福利视角对国民收入的修正。它们的衡量标准是社会中每个成员的福祉，而每个成员的福祉取决于他们在现在和未来消费的有益商品和劳务的数量。根据这一标准，通过对 GDP 进行调整，就可以推导出经济福祉水平。经济福祉可以定义为所有有益经济活动扣减其成本投入后的剩余收益。因此，对 GDP 的调整主要在于增加被 GDP 忽略的有益经济活动、扣减 GDP 中包含的有害经济活动、扣减城市化所带来的各种不便以及交通事故、家庭破裂等导致的私人防御性支出和各种公共防御性支出、扣减 GDP 中包括的投入和资产损耗，扣减包括中间品、工具性产品、投资、固定资产的折旧以及各种自然资源的损耗，扣减环境污染和长期的环境损害成本。这些调整反映了经济福祉指标的综合性，旨在更全面地考量经济活

---

① Guenno G, Tiezzi S. The Index of Sustainable Economic Welfare (ISEW) for Italy[R]. Fondazione Enrico Mattei, Milano, Italy, Worknote 5. 98, 1998.

动对社会福祉的实质影响，超越了仅仅关注经济增长的局限性。

三、小结

早期经济学家主要关注能够提升福祉的物质因素。先驱学者如亚当·斯密等通过对国家总体财富的存量研究，强调国家总体财富对社会福利的影响。这种研究方法将注意力放在物质条件的改善上，认为这将提高社会成员的福利水平。流行的国民收入统计等流量指标也基于这一理念，即通过衡量物质增长或存量间接评估社会福利。令人鼓舞的是，这两种研究方法得出的结论非常相似，呈现出趋同的趋势。这表明，在对国民财富进行存量研究或使用流量指标进行国民收入统计时，对物质条件的改善对社会福利具有积极影响的看法是一致的。

在 20 世纪 30 至 50 年代，国民经济核算体系的全球推广促使人们对经济活动进行更系统和全面的认知。国民收入不仅可以用于描述一个国家的经济状况，还可以作为评估社会福利的强有力工具。国民收入的测算成为政策制定者关注的核心，它不仅仅是一个经济指标，更是社会福利的有效测度。它反映了国家内部经济活动对整体福祉的贡献，为决策者提供了指导方向，从而更好地制定政策以促进社会的整体繁荣。因此，国民收入的广泛应用使其成为经济学和社会政策领域中不可或缺的工具，为研究和评估不同国家的经济增长、社会福利水平以及政策效果提供了坚实的基础。然而，尽管 GDP 指标在国民经济核算中扮演关键角色，其设计存在一系列缺陷，尤其是在评估经济活动"有益性"方面面临困境，导致经济福利与社会福利之间存在一定偏差。随着经济增长，引发的变动牵涉到众多非经济因素，这为经济福利与社会福利之间的差异埋下了隐患。经济学家们也逐渐认识到过度依赖 GDP 存在的单一性问题，并提出了建立综合环境核算体系的必要性。这一新兴的综合环境核算体系旨在弥补传统 GDP 指标的不足，尤其是增加了经济活动对社会和环境的全面影响的缺失因素，试图更全面地考虑经济活动的"有益"和"有害"方面，以更准确地反映经济增长对社会福利的实质影响。

但是，综合环境经济核算体系也在面临一系列挑战。例如，在估算环境污染的社会成本方面，仍然存在具体技术障碍，因而难以准确而全面地评估。另外，许多研究只能基于假设应用逻辑推理生成主观数据，而非基于实际经验观测的数据，因此研究的结果带有一定的主观性。在 20 世纪 80 年代末，学者们试图引入更加可持续的经济福利体系来应对这些挑战。这一努力旨在超越传统的经济指标，更全面地反映经济活动对环境和社会的影响。世界银行也提出了可持续发展理念，将自然资本、生产资本、人力资本和社会资本四个部分一起纳入国民财富的体系。随着对环境和资源等问题日益关注，可持续发展理念以及可持续经济福利指数也逐渐得到认可。现今，人们认识到经济福利的评估应考虑自然资源和生态环境的变化，这已成为共识。然而，如何使用经济指标来度量这些变化仍然是一个需要继续深入研究和实践的复杂问题。

第四章　中国经济特质与经济福利

中国经济正在经历一场深刻变革，这不仅影响最基本的资源配置方式，还从根本上改变了社会成员的生活方式，形成了一个特殊的"转轨期"。在这个阶段，整个社会成员的经济福利受到多方面因素的影响，导致经济福利发生了变化。这一转变的独特性在于，中国从人均收入相对较低的发展中国家，迅速走向人均收入较高的发展中国家，使得中国经济福利的构成要素呈现出独具特色的面貌。不同于西方市场经济完善的发达国家，中国在这一转变过程中表现出许多独有特质：

首先，中国经济福利的演变受到收入分配方式深刻变革的影响。随着中国经济的崛起，收入分配发生显著变化，同时，也产生了一系列新的社会问题。城乡之间、城城之间，乡乡之间收入差距的显著扩大，对整个社会的经济福利产生了深刻的影响。

其次，中国经济的二元结构特点也是重要的经济福利变革因素。城乡差异、沿海与内陆地区的发展不平衡，导致一部分地区和人群享受到更多的经济福利，而另一部分则相对滞后。这种差异性直接影响到整体社会的福利水平和社会公平性的发展。

最后，市场化和城市化程度的提升也对中国经济福利产生深刻的影响。随着市场化进程的推进，市场机制在资源配置中的作用日益凸显，同时也带来了一系列社会问题。城市化的加速发展使得大量农民进入城市，但城市社会保障体系的不完善导致一部分人群在城市中难以享受到应有的福利。

综合而言，在这一转轨期内，中国经济福利的演进受到多方面因素的交织影响。政府的政策导向、市场机制的作用以及社会结构的变迁都在塑造中国经济福利的新格局。因此，在评估中国经济福利时，需要综合考虑这些特殊的经济特质，并通过设计更符合中国国情的指标体系来全面了解和衡量经济福利的变化。这不仅有助于更好地理解中国经济的发展路径，也为制定更有效的政策提供了重要的参考。

一、收入与经济福利

在一个社会中，收入增长、收入分配以及经济福利是紧密相连的，共同塑造着社会的经济面貌。首先，收入增长作为经济繁荣的体现，不仅反映了国家整体经济的健康水平，也直接影响着个体和家庭的生活水平。随着收入的增加，人们更有能力满足基本需求来提升生活品质，同时也为社会创造更多的消费和投资动力，推动着整体经济的良性发展。然而，关注单一层面的收入增长并不足以构建一个公正和可持续的社会。收入分配的公平性是确保社会稳定和可持续发展的关键因素之一。过大的收入差距可能导致社会不平等，阻碍资源的公平分配，影响整体经济的长期增长。因此，制定合理的税收政策、加强社会保障体系，是促进收入分配公平的关键步骤。与此同时，作为一种社会支持机制，经济福利对于缓解个体生活压力、促进全体社会成员的全面发展至关重要。健全的医疗保障、教育体系和社会福利政策能够在个体面临困境时提供支持，确保每个人都有平等机会获取基本生活需求，并参与到社会生活的各个方面。因此，一个平衡和可持续的社会经济体系需要在收入增长、收入分配和经济福利方面取得合理的平衡。

(一) 收入增长与经济福利

在过去的 40 多年里，中国是以 GDP 作为衡量经济总量的标准，取得了引人注目的增长成就。这一事实表明，中国在短短一年内能够向社会提供大量有用的商品和劳务，为国家整体经济创造了巨大的财富。在改革开放初期，这种经济增长迅速改善了绝大多数中国人的生活状况，使他们逐渐走出了生活贫困和物资匮乏困境，享受到了物质丰裕和富足的生活。

回顾 20 世纪 80 至 90 年代，中国经济增长所带来的福利效应尤为显著。这一时期，在各项国家改革政策的推动下，产业快速升级，对外开放进程加速推进。这使得中国经历宏观经济大转型，不仅在全球市场上取得了显著的竞争力，同时，也为国内居民提供了更多丰富的就业机会。经济繁荣的红利快速渗透到社会各个层面，推动了城乡居民生活水平的整体提升。尽管自 90 年代中后期以来，中国经济取得了迅猛增长，但令人担忧的是，这一增长并未同步带动居民收入的相应提升。居民收入的增长幅度明显落后于 GDP 的迅猛增幅，呈现出一定的不均衡性。与此同时，消费支出的增长速度也没能跟上居民收入的提升速度。这种情况导致消费支出在国内生产总值 (GDP) 中所占比重逐渐下降，其绝对数额增长缓慢。

　　支出法和收入法是两种互为补充的计算国家 GDP 的途径，它们提供审视一个国家经济的双重视角。通过支出法计算 GDP 时，消费支出占其中一个主要组成部分。在这几十年的时间里，尽管中国的 GDP 总量一直呈现强劲增长态势，但与此同时，消费率却一直在下降。这说明，虽然整体经济规模在扩大，但相对于国内生产总值而言，人们用于消费的部分逐渐减少。这反映出居民在经济发展中更多地选择储蓄，而非将其转化为消费支出。从收入法的角度来看，GDP 等于消费加上储蓄。在中国的经济发展过程中，尤其是自 2000 年以后，消费率的下降更明显。这可能受到多方面因素的影响，包括居民对未来经济不确定性的担忧、教育和医疗等领域支出的增加，以及长期以来储蓄习惯的影响。消费率的下降趋势也引发了对经济结构调整和可持续发展的思考。

　　在面对消费增长乏力的挑战时，许多学者提出了多种应对方案，包括"家电下乡"政策、现金补贴和消费券政策等。针对这些方案，本书将不过多进行评述，而是聚焦于那些对社会成员福祉产生关键影响的要素，具体内容如下：

　　(1)"非消费支出"的挤出效应。自改革开放以来，中国国内储蓄率一直保持着持续上升的趋势，然而自 2010 年以来，这一势头却发生了逆转。与此同时，居民消费收入比呈现下降趋势，并与国内储蓄率的下降形成了相互关联。虽然在 2010 年以前，可以通过储蓄率上升来解释居民消费收入比降低的原因，但在 2010 年以后，这一解释在数据上并不得以支持。因此，除了储蓄之外，必然存在其他非消费支出对消费支出产生了挤出效应，而这个主要因素正是房贷。尽管关于居民房贷支出占收入比重的具体数字并没有直接的统计公布，根据人民银行的金融机构信贷收支表的估算，当前居民利息支出占可支配收入的比重在 7% 左右，而居民债务偿还(包括利息和本金，按 1 比 1 假设计算)占可支配收入的比重在 14% 左右。考虑到我国居民债务偿还占可支配收入的比重在不断上升以及房贷分布的结构性不均衡特征，有房贷的居民的债务偿还占可支配收入的比重预计要远远大于这个 14% 的估算数字。这一现象的背后折射出房贷对消费的抑制效应。

　　(2)经济发展与福利制度的不确定性。经济发展和福利制度的不确定性是一个复杂的问题，它直接影响着人们对未来的信心和安全感。首先，经济发展的不确定性可能导致职业领域的波动，使人们感到自身职业的不稳定。产业结构调整、技术变革等因素会影响到各行各业的就业机会，增加了居民在职业选择和发展方面的不确定性。这进一步削弱了个体对未来收入的信心，使他们更加谨慎管理个人财务，并选择节制性消费，来应对潜在的经济波动。其次，社会福利制度的不确定性可能使人们感到在面临风险时缺乏足够的安全保障。由于福利政策的不断变革，居民可能对医疗、养老、失业等方面的保障产生担忧。这种担忧不仅影响了个体的消费决策，还使他们更加谨慎地规划未来，通过减少不必要的支出，以备未雨绸缪。再者，生活成本的不确定性也是人们隐忧的来源。通货膨胀、房价波动等因素可能导致生活成本的不断上升，使人们对未来的生活负担感到不安。在这种情况下，个体可能选择控制日常开支，避免不必要的消费，以确保在不确定的经济环境中能够维持相对稳定的生活水平。此外，教育资源不足也可能造成家庭对子女教育的负担增加。由于教育资源有限，一些家庭可能面临着为子女提供优质教育的困境。为了子女的未来，他们可能更愿意节省开支，这也限制了当前的消费水平。

(3)收入差距扩大是制约中国整体消费增长的一个重要原因。高收入者由于边际消费倾向较小，使得他们在消费方面的增加幅度相对较为有限。与此同时，低收入者受制于有限的收入水平，很难有足够的资金用于提升消费水平。在中国，这种收入差距的显著扩大在中国主要体现在城乡、地区和行业三个方面。城乡差距作为中国长期以来经济二元结构的一种表现，导致了城市居民和农村居民在收入水平上的明显差异。城市的发展相对较快，而农村地区则因资源、教育和就业机会的有限而相对滞后，形成了明显的城乡收入差距。地区差距主要由于不同地区的经济发展水平不均衡所致。一些发达地区在经济增长和产业升级方面取得了显著的成就，而一些欠发达地区仍然面临着贫困和基础设施不足的问题。这种地区差距导致了收入水平的悬殊，影响了各地居民的消费水平。行业差距也是造成收入差距的一个关键因素。一些高科技和新兴产业的迅猛发展为从业者带来了可观的收入，而传统产业和服务业的发展相对滞后，致使部分人群在经济发展中难以分享到同等程度的红利。

(二)收入不平等与经济福利

大卫·李嘉图在其论著《政治经济学及赋税原理》中深入分析了收入分配对福利的影响。他强调收入分配方式会影响国民收入总量。此外，国民收入的增加也会对收入分配的结果产生影响，从而引发了关于公平和效率这两大目标的广泛争论。随后，庇古对收入分配的福利效应进行了系统阐述。在坚持基数效用和效用人际可比的前提下，由于货币边际收益递减的原因，富裕家庭收入减少所带来的福利变化量相较于贫穷家庭收入增加而言较小。因此，不同的收入分配状况将显著影响经济福利。戴利和科布在 1989 年的研究中接受庇古的结论，认为在总量保持不变的条件下，财富和收入在不同个体之间的分配状态将毫无疑问地影响到社会中每个成员的消费状态和福利水平。因此，ISEW 和

GPI 考虑了收入不平等所带来的福祉损失。

关于收入分配不均等如何影响社会成员的福祉，如果在序数效用和效用人际不可比的情况下，通过逻辑推理得到确切的答案是困难的，因此，对此选择本书持开放的态度。然而，大多数研究者普遍认同，除了庇古的解释之外，收入分配不均等通常会导致经济福祉的减少。这一观点得到了广泛的支持，主要的理由包括：

（1）伦理价值判断

萨缪尔森[①]和伯格森[②]一致认为，个体福祉受到收入分配不平等的直接影响，因此在福利经济学的研究中，对收入分配问题的深入考虑至关重要。要实现社会的唯一最优状态，除了广泛讨论的帕累托最优条件外，还必须确保在个体之间进行合理的资源分配。这种合理的分配被认为是实现社会福利最大化的充分条件，因为它在效率和公平之间建立了关键平衡。在这一观点的支持下，萨缪尔森明确指出在考虑社会福利函数时必须涵盖社会的价值判断。他们将社会福利函数定义为凸向原点，这表明相对于极端状态，人们之间的平均状态更受青睐。这反映了一种社会价值观，强调了对均等化的强烈追求。

除了考虑帕累托最优条件，一些学者还强调了 Amartya Sen 的"能力理论"（Capability Approach）的重要性。在森看来，社会福利的判断应该更加综合，包括个体实现其潜能和能力的程度，以及对社会中各种基本价值的考虑，而不仅仅局限于经济层面的因素。在森的价值体系中，其反对福利主义价值免谈的原则，强调社会福利函数应该考虑非经济方面的社会基本价值判断，如反对虐待、奴役等[③]。他指出，排除这些价值判断会导致社会福利的判断变得不全面，可能产生许多错误。因而，在分析收入分配不均等时，可以多运用这一伦理观点。首先，考虑到个体的权利和尊严，福利函数不应仅关注经济方面的指标，还应包括社会公平、正义和基本权益的考量。其次，从帕累托原则的角度来看，对于社会福利的提高，不应仅考虑经济效益的增加，还应关注在收入分配方面是否存在"反公平现象"。最后，从功利主义的角度来看，应该考虑不同个体之间的效用差异。如果收入分配的不均等导致富裕群体的效用提高，而

① Samuelson P A. The Pure Theory of Public Expenditure[J]. The Review of Economics and Statistics, 1954, 36(4): 387-389.

② Bergson A. A Reformulation of Certain Aspects of Welfare Economics[J]. The Quarterly Journal of Economics, 1938, 52(2): 310-334.

③ Sen A K. Equality of What? [G]. The Tanner Lectures on Human Values. Stanford University, 1979: 198-220.

贫穷群体的效用降低，这可能引发道德上的担忧。

因此，福利经济学应该跳出福利主义的狭隘视野，将基本价值判断引入研究范畴，以全面评估福利水平及其变化，并考虑到道德、政治等多方面因素。在这一理念中，基本价值判断被定义为在任何条件下都是正确的，例如追求自由、反对虐待等。只有在满足这些基本价值判断的前提下，经济福利的改进才能被视为社会福利真正的增加。这一观点扩展了福利经济学的范围，使其更具广泛的社会意义。在这一背景下，森的社会福利理论引入了伦理判断，因此被冠以"伦理偏好"模型①。通过考虑伦理偏好，社会福利的评估不仅仅局限于经济层面，而是更加全面，涵盖了人们对基本价值的追求和社会公正的关切②。这种方法使福利经济学能够更好地反映社会多元化的利益和关切。

（2）消费的负外部性

消费外部性是经济学中一个关键的概念，特别是负面的外部性，它可能对整体经济福利产生直接和间接的不利影响③。

首先，消费外部性直接影响到环境。例如，工业生产带来的环境污染可能导致空气和水质下降，直接损害居民的生活质量④。此外，吸烟和饮酒等个体消费行为可能对整个社会的医疗费用产生负担，从而减少了公共资源的可用性。其次，尽管市场在理论上被认为是一种有效的资源分配机制，然而，消费的外部性可能导致市场失灵，进而影响整体的经济福利。市场失灵的一个典型例子是"公地悲剧"（Tragedy of the Commons），即资源过度利用的问题。如果个体在消费中不需为外部性后果付出代价，他们可能过度消费，导致资源过度耗竭⑤。这种情况下，市场未能有效引导资源的合理利用，从而减少了整体的经济福利。再者，消费的外部性也与社会公平密切相关，如果消费的外部性导

① Sen A K. Equality of What？［J］. The Tanner Lectures on Human Values. Stanford University，1979：198-220.

② Rawls J. A Theory of Justice M］. Cambridge：Harvard University Press，1971.

③ Arrow K J，Cropper M L，Eads G C，Hahn R W，Lave L B，Noll R G，Portney P R，Russell M，Schmalensee R，Smith V K，Stavins R N. Is There a Role for Benefit-cost Analysis in Environmental，Health，and Safety Regulation？［J］. Scinence（Reprint Series），1996（272）：221-222.

④ Ackerman F，Heinzerling L. Priceless：On Knowing the Price of Everything and the Value of Nothing［M］. New York：The New Press，2005.

⑤ Stiglitz J E，Rosengard J K. Economics of the Public Sector［M］. New York：W. W. Norton & Company，2015.

致资源分配不均衡，富人群体可能更容易规避或逃避外部性的负担，而贫困人群则更容易受到不利的影响①，这可能加剧社会的不平等，并减少整体的社会福利水平。

此外，随着收入差距的不断扩大，富人和中低收入者之间的消费差异也呈现出显著的增加。富人在追求奢侈品，如跑车和名牌服饰等方面的炫耀性消费中表现得更明显。然而，这种炫耀性消费不仅仅是一种个人选择，它可能对整个社会带来福利损失。经济学家凡勃伦是最早论及炫耀性消费的学者，他在《有闲阶级论》中的第四章《明显消费》中详细论述了炫耀性消费对富人的作用。凡勃伦认为，通过显著消费，富人能够展示其社会地位和经济实力，从而在社会中占据更显要的地位②。然而，当富人在奢侈品上大量消费时，他们的需求推动了这一市场的繁荣。可是，由于贫困，中低收入者往往无法参与到这一高端市场中，因此，这些奢侈品的价格上升可能导致中低收入者的实际购买力下降，进而减少他们的福利水平。Atkison 和 Brandolini③ 提出了一个观点，即炫耀性消费对富人的福利增加相对较小，而同样金额的消费对穷人的福利增加更大。他认为，随着收入差距的扩大，社会福利可能会受到负面影响。与此观点一致，Hirschman④ 指出，尽管富人在炫耀性消费上的额外支出可能对其整体财富影响有限，但将同等金额的支出用于最不富裕人群可能更有助于提高整体福利水平。相对于富人的炫耀性消费，将资源投入到最不富裕的人群中可能更能实现社会福利的最大化。这种差异可能导致资源未能得到最优的分配，从而影响社会的整体福利水平。为了减缓社会收入差距扩大对福利的负面影响，可能需要采取一系列社会政策。这包括实施更为完善的税收政策、加强社会保障制度、提高最不富裕人群的教育和医疗水平，以及促进平等的经济机会⑤。这些综

① Perman R J, Ma Y, Common M, Maddison D, McGilvray J W. Natural resource and environmental economics[M]. London：Pearson, 2011.

② ［美］索尔斯坦·凡勃伦. 有闲阶级论[M]. 蔡受百，译. 北京：商务印书馆，2016.

③ Atkinson A B, Brandolini A. Promise and Pitfalls in the Use of "Secondary" Data-sets：Income Inequality in OECD Countries As a Case Study[J]. Journal of Economic Literature, 2001, 39(3)：771-799.

④ Hirschman A O, Rothschild M. The Changing Tolerance for Income Inequality in the Course of Economic Development[J]. The Quarterly Journal of Economics, 1973, 87(4)：544-566.

⑤ Atkinson A B. Inequality：What Can Be Done? [M]. London：Harvard University Press, 2015.

合的措施有望在一定程度上缓解不平等问题，实现更为公正和可持续的社会发展。

（3）其他的研究证据

大量研究表明，日益加剧的收入不平等对经济福利带来了多方面的负面影响。首要影响之一是犯罪率的上升，这成为一个显著的负面效应①。研究发现，社会内部的不平等程度与犯罪率之间存在着密切的关联。相对较低收入群体可能会因为感受到社会不公平以及经济资源匮乏而产生违法行为，从而导致犯罪率的增加。Lawn②认为，高度不平等的收入分配可能会进一步增加犯罪行为，从而对经济福利的提升产生不利影响。因此，实现"亲贫式"的经济增长对于提高社会福利至关重要。显然，任何一个社会福利理论都不可避免地需要考虑收入分配问题。古典经济学者认为，在收入再分配引起效率损失并非特别高的情况下，进行收入再分配是必要的。其次，高度不均等的收入分配可能导致员工的工作效率下降③。在一个社会中，如果大部分人面临着贫困、无法满足基本需求的困境，他们可能难以获得良好的教育和医疗资源，从而限制了他们在工作中的表现和创造力，这最终可能导致整体生产力的下降，对经济福利的增长形成拖累。此外，收入不平等还可能不利于经济增长。Alesina 和 Rodrik④研究发现，个人的劳动份额与其偏好的税率之间存在正相关关系。换言之，个人的劳动份额越大，其偏好的税率就越高。基于中间投票人定理，Alesina 和 Rodrik 认为，当财富分配越不平等时，中间投票人的财富较少，这可能导致资本税率的提高，从而影响了整体经济增长率。除了导致高税率外，收入不平等对经济的另一个副作用是导致投资的减少⑤。富裕人群相对较高的储蓄率并不一定转化为更多的投资，尤其是在社会不平等程度加剧的情况下。

---

① Wilkinson R, Pickett K. The Spirit Level: Why Greater Equality Makes Societies Stronger [M]. London: Bloomsbury Publishing, 2011.

② Lawn P A. An Assessment of the Valuation Methods Used to Calculate the Index of Sustainable Economic Welfare (ISEW), Genuine Progress Indicator (GPI), and Sustainable Net Benefit Index (SNBI)[J]. Environment, Development and Sustainability, 2005, 7(2): 185-208.

③ Alesina A, Di Tella R, MacCulloch R. Inequality and Happiness: Are Europeans and Americans different? [J]. Journal of Public Economics, 2004, 88(9-10): 2009-2042.

④ Alesia A, Rodrik D. Distributive Politics and Economic Growth[J]. Quarterly Journal of Economic, 1994, 109(2): 465-490.

⑤ Stiglitz J Z. The Price of Inequality: How Today's Divided Society Endangers Our Future [M]. New York: W. W. Norton & Company, 2012.

相反，可能更多地流向财产保值或投机活动，而不是用于创造就业机会和促进经济发展，这种情况进一步制约了整体经济福利的提升。因此，当经济增长主要集中在富有人群时，这种趋势可能对整体经济福利的提高产生不利影响。

我国的收入分配和经济福利问题是一个复杂而备受关注的议题。尽管其成因复杂多样，但众多研究一致指出，中国的收入分配呈现出明显的扩大趋势。这一问题涉及城乡居民、地区和行业等多个方面的收入差距，并引发了对社会公平和经济福利的深刻思考。首先，近几十年来，城乡居民收入差距在逐渐扩大，成为收入分配问题的显著特征。城市化和经济发展为城市居民提供了更多机会，促使其收入水平得以提升。然而，与城市相比，农村地区的经济相对滞后，导致了城乡居民之间的显著经济差距，引发了广泛的社会公平和经济福利担忧。这一趋势可能受到多种因素的影响，包括土地制度、教育资源分配以及就业机会的不均等①。土地制度的改革对农村居民的收入来源和社会地位产生深远影响，而教育资源的不平等也可能加剧城乡居民的收入差距。此外，在城市化和工业化过程中，农村劳动力向城市转移，但在融入城市化过程中面临着诸多就业机会的不确定性，这也可能加大了城乡居民之间的经济差距②。其次，地区之间的经济差异也是引起收入不平等的重要因素。我国广阔的地域空间使得不同地区在经济发展上存在显著差异，这直接影响了居民的收入水平和福利状况。孙瑛③运用中国首次经济普查之后校正多个经济基础变量的平行数据，通过全面而关联的方法，揭示了全国和地方经济格局与收入格局之间的内在联系及其差异性。陆地和孙巍④指出，尽管各地区相对收入均值差距减小，但其分布不平衡程度增强。随着收入分布离散化水平的提高，不同收入水平家庭的边际消费倾向逐渐降低，表明收入分配不均可能对总体消费产生抑制作用。具体而言，中国各地区间消费效应差距主要源于"均值差异"，即区域整体收入水平不平衡的结果，这反映了区域经济发展不均衡的影响。随着居民收入水平的提高，"分配差异"由于不均匀的收入群组空间分布而逐渐增强，特别是对中高端消费效应具有更为显著的影响。

① 赵毅，陈丕. 我国城乡居民收入差距演变及影响因素分析[J]. 大连干部学刊，2013，29(8)：50-54.

② 吴浩锋，张健强. 工业化、城市化与城乡收入差距的研究——以云南为例[J]. 中国集体经济，2013(4)：35-37.

③ 孙瑛. 中国地区经济增长与收入分配及其差异性研究[D]. 沈阳：辽宁大学，2008.

④ 陆地，孙巍. 城镇居民收入的区域分布差距与消费非均衡效应[J]. 华东经济管理，2018，32(9)：80-89.

　　然而，收入不平等现象并非仅限于中国，这是一个普遍存在的问题。基于经济学家库兹涅茨①的研究，他发现收入不平等程度随着经济发展阶段的演变呈现倒"U"形关系，似乎表明收入不平等程度的增加是经济发展的一种必然阶段。对于衡量收入分配不平等程度，ISEW（综合经济福利指数）主要采用两种量化方法，即基尼系数和阿特金森指数。首先，基尼系数是一种最早由意大利统计学家基尼提出的实证性统计量，它建立在洛伦茨曲线的基础上，用于描述社会收入分配的不均等程度。该系数基于居民收入的差异分布，为我们提供了一种统计手段来揭示收入分配的不均等特征。基尼系数的取值范围介于0和1之间，数值越大表示收入分配越不均等，差距越大。一般认为，当基尼系数接近0时，表明收入分配相对平等，社会差距较小；而当基尼系数接近1时，表示收入分配高度不平等，差距较大，也是被视为国际上普遍接受的收入不平等的警戒线。尽管基尼系数在反映不平等方面具有广泛应用②③，但它仍然是一个单一指标，无法全面覆盖社会复杂的收入分配格局。

　　计算收入不平等导致的福利损失的另一种方法是基于阿特金森指数（Atkinson Index，AI）。与以基尼系数为中心的先前方法相比，这种方法的主要优势在于AI直接以福祉术语表达④，因为AI基于社会福祉函数⑤。阿特金森指数可以解释为"当前总收入的比例，如果收入平均分配，将需要实现与当前相同社会福祉水平"⑥。阿特金森（1970）的指数计算如下：

$$AI = 1 - \left[\sum_{i=1}^{n} \left(\frac{y_i}{\mu} \right)^{1-\varepsilon} \times f(y_i) \right] \qquad (4-1)$$

　　其中，y_i是第i组的平均收入，μ是总人口的平均收入，$f(y_i)$是第i组中人口的比例，而ε是社会对收入不平等的权重的分布。如果ε的值等于0，就

①　Kuznets S. Economic Growth and Income Inequality [J]. The American Economic Review, 1955, 45(1): 1-28.

②　Brown M. Using Gini-Style Indices to Evaluate the Spatial Patterns of Health Practitioners: Theoretical Considerations and an Application Based on Alberta Data [J]. Social Science & Medicine, 1994, 38 (9): 1243-1256.

③　Gastwirth, Joseph L. The Estimation of the Lorenz Curve and Gini Index [J]. The Review of Economics and Statistics, 1972, 54 (3): 306-316.

④　Stymne S, Jackson T. Intra-generational Equity and Sustainable Welfare: A Time Series Analysis for the UK and Sweden [J]. Ecological Economics, 2000, 33: 219-236.

⑤　Atkinson A B. On the Measurement of Inequality [J]. Journal of Economic Theory, 1970, 2: 244-263.

⑥　Atkinson A B. The Economics of Inequality [M]. Oxford: Clarendon Press, 1975.

表示社会不关心不平等，而正值则表示社会反对不平等。如果 AI 值为 15%，表示如果收入平均分配，那么只需当前总收入的 85%（1-0.15），即可实现相同水平的社会福祉。在先前的福利研究中，ε 的值通常为 0.8[①]。Jackson[②] 等人（1997）采用了 0.8 作为中心值，正如 Pearce 和 Ulph[③] 在一项针对英国的研究中所建议的，该研究预估了随时间变化的消费边际效用的弹性。然而，在对估计 ε 的各种方法进行回顾时，Latty[④] 建议，一个中点值 1.5 与来自跨时消费行为和消费者需求文献的估计方法一致。这些 ε 值与大多数社会学家的建议一致。Schwartz 和 Winship[⑤] 明确指出，"在反思 ε 的不同解释之后，大多数社会学家都会同意，在使用阿特金森的度量来处理规范问题时，ε 应在-0.5 和 2.5 之间"。

　　由于学者们在方法和数据运用上存在差异，导致对中国历年基尼系数的研究结果相差巨大，尤其是在年份较早的数据方面。依据曾国安[⑥]的观点，我国的基尼系数自 1980 年以来一直呈现上升趋势。在 20 世纪 70 年代末和 80 年代初，基尼系数维持在 0.3 以下水平；然而，到了 80 年代中期之后，基尼系数超过了 0.3，而在 90 年代初，达到了 0.37 左右。随着时间推移，90 年代中期以后，基尼系数进一步上升至超过 0.4 的水平。于 2013 年 1 月 18 日，中华人民共和国国家统计局发布了自 2003 年以来 10 年的全国基尼系数，此举被认为是对之前由民间统计提供的数据的正式回应。国家统计局局长马建堂表示，按照国际新的统计标准，2003 年至 2012 年期间，大陆居民收入的基尼系数具体为：2003 年 0.479，2004 年 0.473，2005 年 0.485，2006 年 0.487，2007 年

　　①　Bleys B. Proposed Changes to the Index of Sustainable Economic Welfare：An application to Belgium[J]. Ecological Economics，2008，64，741-751.

　　②　Jackson T, Marks N, Ralls J, Stymne S. Sustainable Economic Welfare in the UK, 1950-1996[J]. London：New Economics Foundation，1997.

　　③　Pearce D, Ulph D. A Social Discount Rate for the United Kingdom [R]. CSERGE Working Paper GEC 95-01. London：CSERGE，1995.

　　④　Latty K. Income Distribution, Growth and Social-welfare：Towards an Economic Solution to the Growth-equality Trade-off Problem [D]. Bachelor of Arts thesis in Political Economy, University of Sydney，2011.

　　⑤　Schwartz J, Winship C. The Welfare Approach to Measuring Inequality[J]. Sociological Methodology，1980，11：1-36.

　　⑥　曾国安. 20 世纪 70 年代末以来中国居民收入差距的演变趋势、现状评价与调节政策选择[J]. 经济评论，2002(5)：35-46.

0.484，2008 年 0.491，2009 年 0.490，2010 年 0.481，2011 年 0.477，2012 年 0.474①。而后续的数据②显示，2016 年、2017 年和 2020 年的基尼系数分别为 0.465、0.467 和 0.468。尽管存在轻微下降，但相对于国际水平而言仍属于较高水平。这一系列基尼系数的变化展示了过去 10 年中国居民收入分配的相对情况。尽管有所改善，但基尼系数的持续相对较高仍凸显了收入分配不均的问题。

关于阿特金森指数研究收入分配不均的问题，杨芯和陆小莉③通过对 1990 年至 2019 年我国地区经济发展不平衡的研究，采用绝对离差、泰尔指数与阿特金森指数的组合，从全国、南北、三大地区和省域这四个层面探究了这一问题的演化特征与影响因素。研究结果发现，全国和南北地区的经济发展不平衡程度呈现出倒"U"形变化特征，即在一定时期内呈现先增加后减小的趋势。同时，地区经济发展不平衡程度不仅存在着明显的时间依赖特性，而且表现出一定的周期性演变特征。基于森的可行能力福利思想和阿特金森的广义均值不平等测度理论，周义和李梦玄④在研究中以物质生活水平、知识技能、健康状况和农村环境这四个子维度作为综合评价的基础，探讨了 2001—2010 年我国因不平等导致的社会福利损失变化。研究发现，在维度福利方面，物质生活福利增幅最大，但福利分布的不平等程度也最高；知识技能和健康状况两维度的福利增幅和分布的不平等程度均居中；环境状况维度的福利分布不平等程度相对最低，但福利水平却有所下降。2001—2010 年我国农村社会整体福利水平逐年上升，但各维度福利发展的不平衡是制约我国农村社会福利快速且大幅提升的主要障碍。2001—2005 年因不平等造成的农村社会平均福利损失率为 12.9%，2006—2010 年为 13.3%，其影响显著，并呈现出逐渐扩大的趋势。郭平和李恒⑤的研究指出，中国居民收入差距已经急剧扩大，阿特金森指数在

---

① 冯禹丁．基尼系数混战——官方与民间关于我国基尼系数的测算［N/OL］. http://www.ciidbnu.org/news/201302/20130203211849706.html，2013-02-03.

② 联合国开发计划署．历史转型中的中国人类发展 40 年：迈向可持续未来［R/OL］. https://www.undp.org/sites/g/files/zskgke326/files/migration/cn/NHDR-CHN.pdf，2023-05-23.

③ 杨芯，陆小莉．地区经济发展不平衡的演变轨迹与影响效应［J］．统计与决策，2023（10）：105-110.

④ 周义，李梦玄．考虑不平等因素的农村福利指数构造及实测［J］．中国人口·资源与环境，2013，23（6）：66-71.

⑤ 郭平，李恒．居民收入分配规范函数及其福利评价——模型及实证分析［J］．财经研究，2006，32（8）：18-28.

1994 年与 1988 年相比上升了约 363%，2004 年与 1998 年相比上升了约 110.7%。我国居民收入差距呈逐年拉大的趋势，并且增速较快。居民收入分配效用(UIA)与平均收入分配比值在 1988 年、1994 年、1998 年、2004 年分别为 0.9063、0.568、0.624、0.20950。这一研究明确指出我国居民的收入分配效用与社会的平均收入分配差异逐渐加大，收入分配变得更加不公平。在经济转型时期，各种要素如货币、土地(财产)、劳动力资本(个人能力和教育)逐渐融入居民收入分配中，加剧了居民收入分配的不公平性。因此，降低收入分配的不公平程度应该从财产、个人能力和教育等多个角度出发，制定相应的政策来改进我国居民收入分配的福利效应。这包括通过税收政策和社会福利项目的改革，以及加强对教育和技能培训的投资，以实现更加公正和平等的收入分配。

二、社会保障与经济福利

社会保障不仅是一项基本人权，更是提升经济福祉的重要工具。其作用不仅体现在显著减轻贫困和减少不平等方面，还在维护政治稳定、增强社会凝聚力发挥作用。社会保障通过对家庭收入的支持，不仅有助于减轻家庭经济负担，还能够扩大国内消费，从而积极促进经济增长。在当前全球经济增长缓慢和社会需求低迷的时期，社会保障的作用显得尤为重要。

自 19 世纪末以来，社会保障和社会福利体系的建设取得了显著的进展，起源于一些欧洲先行国家采取的措施。这一进程表现为社会保障的广度以惊人的速度扩大①，逐步成为各国关注的重点议题。当今，大多数国家已经实施了社会保障立法，但在许多发展中国家，社会保障仍然只是少数人的福利，存在覆盖面不足的问题。社会保障既是一项基本人权，也是一项提升经济福利的重要手段。社会保障能够显著减缓贫困和减少不平等，也有利于维护政治稳定、增强社会凝聚力。而且，社会保障还可以通过对家庭收入的支持，扩大国内消费，从而促进经济增长。在当前经济增长缓慢和全球需求低迷的时期，社会保障的这一作用显得尤为重要。

我国的社会保障制度起源于 20 世纪 50 年代初期，经过多轮改革，目前具有以下几个显著特点：

---

① ILO. World Social Protection Report 2014/15: Building Economic Recovery, Inclusive Development and Social Justice. Geneva: ILO, 2014 [R/OL]. https://www.ilo.org/wcmsp5/groups/public/—dgreports/—dcomm/documents/publication/wcms_245201.pdf, 2023-05-23.

首先，改革开放后的社会保障制度突显多元共担的特征。在计划经济时期，社会保障主要依托国家主导的单位保障制，而改革开放后，随着经济体制的变革，制度调整着重强调政府、企业、社团和个人等多方共同分担责任。社会保障体系从过去的封闭结构逐渐转向社会化方式，实现了更广泛的参与。

其次，随着社会保障制度改革的深入，其在保障范围和内容上不断扩展。在改革开放初期，我国社会保障主要关注职工和城镇居民，而随着改革的深入，农村和城乡居民的社会保障也逐步成为政策关注点，保障范围得到显著扩大。此外，社会保障的内容也逐步涵盖医疗、养老、失业、工伤等多个方面，形成了更全面的保障体系。

再次，社会保障制度注重市场化运作和可持续发展。改革开放后，社会保障制度逐渐独立于单位保障制，强调社会化运作，通过市场机制来提高保障效率。为保障制度的可持续性发展，我国加强了基金管理和投资运营，确保社会保障体系更健康、稳定地运行。

最后，社会保障制度在技术手段上实现了信息化和智能化。随着科技的发展，社会保障管理逐步引入信息技术，实现了更高效的数据管理和服务提供，这有助于提高保障的精准性和便捷性，满足个体需求。

总体而言，我国社会保障制度正在持续改革和不断完善，经历了从国家主导到多元共担、从封闭到开放、从局限性到全面性的发展演变。尽管取得了显著进展，但仍然面临一些亟待解决的问题。

(一) 养老压力增大，老忧所养

中国的养老金制度经历了两个主要阶段。初始阶段采用的是以企业责任为核心的城镇职工劳动保险退休金制度，受到苏联和德国模式的启发，我国的养老金制度逐步转变为国有企业的责任。随着改革开放和国有企业改革的进行，中国选择了结合"社会统筹保公平"和"个人账户促积累"的模式，逐渐建立了城镇企业职工养老保险制度和城乡居民养老保险制度。2014 年，机关事业单位结束了退休金制度，与前两者实现了并轨。养老保险制度最初在 1997 年启动，是为了迎接老龄社会和深化经济体制改革的挑战，作为国有企业改革的一部分，养老金制度在初期就面临着一系列问题，至今仍然显著存在。

问题一：覆盖面狭窄和缺乏推动力。截至 2021 年底，全国基本养老保险参保人数已达到 10.3 亿，而其中只有 4.2 亿是企业职工基本养老保险的参保人数。此外，退休职工数量达到 9324 万人，较 2020 年增长 3.3%。在职缴费人和退休领取人的赡养比为 2.57：1，这表明劳动年龄人口正规就业参与率不足①。随着中国逐步进入灵活就业时代，缺乏具有吸引力的制度成为年轻人积极参与养老保险的障碍。当前形势下，扩大覆盖范围并实现全面保障的任务愈发艰巨。因此，需要采取更加创新和前瞻的政策来促使养老保险体系更全面、更有效地服务广大人民群众。

问题二：养老金制度存在权责不明、保险费率过高以及企业和职工参保积极性不足等挑战。在养老金设计方面，首先，不同生命周期阶段的参保人在领取养老金方面存在规定不明确的问题，同时养老保险基金自身的精算平衡机制也不健全；其次，养老保险统筹基金主要仰赖企业缴费，且个人缴费责任并未得到明确规定；再次，尽管承诺了职工个人账户可投资、携带和继承，但其资金同时被用于支付当期养老金，导致准公共品和个人物品的产权关系模糊。此外，我国的养老保险费率高达 28%，其中单位缴费占 20%，职工缴费占 8%，远超过西方国家的综合社会保障税率，高昂的缴费比例对中小企业，特别是那些人力资本较高的科技创新公司的发展构成了严重阻碍。同时，这也限制了职业养老金和个人养老金的发展空间，增加了基础养老金的支付负担。由于高额的养老保险费率，一些雇主采用了逃避缴费的手段，通过对薪酬进行分类和滥发福利等方式，以降低缴费基数。在 2000 年到 2020 年期间，尽管我国的实际征缴率（包括税务代征和社保计征）不断上升。然而，受到疫情和外部经济环境的影响，一些企业，尤其是那些陷入困境的企业，面临着实际支付能力持续下降的挑战。高昂的社保费用不仅对企业的财务状况产生了显著的负面影响，同时也使得这些企业在市场竞争中处于相对不利的境地。由于职工难以真切感受到投资养老所带来的实际回报，这导致了一种看似"付出多，获得少"的困境。这种现象降低了职工参保的积极性，进而引发了公共政策层面的失灵问题。

问题三：养老资金缺口的问题日益突显。据统计，截至 2021 年，我国基本养老金的缺口已经达到 7000 亿元，并且预计在未来十年这一缺口将飙升至 8 万亿~10 万亿②。这预示着我国养老保障体系的三大支柱已经难以维持，80

---

① 李心萍 . 养老金及时足额发放有保障［N/OL］. http：//www.scio.gov.cn/gwyzclxcfh/cfh/2022n_16602/2022n04y25r_16683/xgbdbj_16690/202208/t20220808_308488.html，2022-02-25.

② 陈欣 . 个人养老金制度启程 政策再"推一把"方能行稳致远［N/OL］. https：//www.stcn.com/article/detail/746323.html，2022-12-03.

后有可能成为无法享受养老金的一代。背后的原因主要与两个"失衡"有关。首先，人口结构的失衡愈发显著。根据国家统计局 2021 年的数据，全国 65 岁以上老年人口已超过 2 亿，占全国总人口的 14.2%。老龄化的速度明显加快，与之相对的是年轻人生育意愿降低，导致人口增长呈断崖式下降。国家统计局的数据显示①，我国人口自然增长率由 1963 年的最高 33.33‰下降到 2022 年的−0.60‰，自然增长人口为−85 万人，为新中国成立以来的第一次负增长。人口结构失衡使得新增人口速度远赶不上老龄化速度，进一步加大了未来基本养老保险的收支平衡压力。我国的老年人口扶养比呈逐渐增加的趋势，从2020 年的每 5 名劳动力供养 1 名老人，到 2050 年将变为每 2 名劳动力供养 1名老人。② 其次，养老三大支柱结构也存在失衡。我国的养老金体制由政府主导的基本养老保险基金(第一支柱)、企业和事业单位发起的企业年金和职业年金(第二支柱)、以及个人主导的个人储蓄性养老保险和商业养老保险(第三支柱)组成。截至 2021 年底，我国第一支柱的累计结余为 6.4 万亿，第二支柱为 4.4 万亿，而第三支柱仅为 1600 多亿③。这表明，我国养老体系主要依赖于第一支柱，个人在养老中的作用相对较小。然而，根据养老基本发展规律，一个国家在人口老龄化初期需要夯实基本养老金，做到全覆盖。而进入中度老龄化社会后，基本养老金将出现缺口，需要完善养老金制度的结构。因此，我国亟须积极发展个人养老金，以弥补养老资金的巨大缺口。这将有助于提高养老保障体系的可持续性，为广大老年人提供更为稳健和全面的养老服务。

(二) 看病难、看病贵，病忧所医

医疗保健一直是社会关注的焦点，而"看病难、看病贵"的问题则贯穿其中，对亿万人民的日常生活产生深刻的影响。自 1998 年我国正式建立城镇职工医疗保险制度以来，经过 20 多年的不懈努力，已逐步建立了面向城镇职工、城镇居民和农村居民的基本医疗保险制度，覆盖了 13.5 亿人口。尽管取得了显著的成就，但在医疗领域仍然面临一系列亟待解决的难题。

首先，GDP 增速滞后于医疗费用增长。我国的基本医保基金收入主要包

---

① 国家统计局. 中华人民共和国 2022 年国民经济和社会发展统计公报[R/OL]. https：//www. stats. gov. cn/xxgk/sjfb/zxfb2020/202302/t20230228_1919001. html, 2022-02-28.

② 曾毅，周健工，高培勇，汪德华. 中国老龄化的新形势[R/OL]. https：//www. bimba. pku. edu. cn/dpsbs/xzsq/dsgd/443639. html, 2023-06-01.

③ 于泳，杨然. 商业养老金融进入发展快车道[N/OL]. bj. news. cn/2022-12/05/c_1129183893. html, 2022-08-29.

括职工医保、居民医保和新农合医保。职工医保基金受工资增长影响，而居民医保和新农合医保的筹资80%以上来源于各级财政投入，基金收入增长取决于财政能力。通过对比我国人均GDP和城乡居民人均医疗保健支出增长情况，发现医疗保健支出增长率高于GDP增长率。以职工医保为例，2013—2022年职工医保基金收入年增长速度为12.68%，支出年增长速度为11.86%，职工医保基金结存率为20.76%，居民医保基金（包括合并后的新农合）收入年增长速度为29.93%，居民医保基金（包括合并后的新农合）支出年增长速度为32.59%，居民医保基金结存率为10.79（详见表4.1）。综合来看，我国职工医保基金运行良好，但是居民医保基金支出增长的速度高于收入增长的速度，结存率也呈下降趋势。这说明按照现有的筹资和支付结构，基本医保的保障能力存在下降的风险。基本医保的支出与投入之间的差距逐渐加大，且这一差距可能会随着我国进入经济新常态而进一步扩大。

表4.1　　　　　　　　　2013—2022年我国医保基金收支情况

年份	职工医保基金收入年增长率（%）	职工医保基金收入年增长率（%）	职工医保基金结存率（%）	居民医保基金收入年增长率（%）	居民医保基金支出年增长率（%）	居民医保基金结存率（%）
2013	16.0	20.0	19.9	35.3	43.9	18.2
2014	14.3	15.3	19.2	38.9	48.0	12.9
2015	13.6	13.8	17.3	27.9	23.9	15.6
2016	13.0	9.5	19.8	33.3	39.2	11.8
2017	20.4	16.1	23.4	101.1	99.8	12.4
2018	10.3	13.1	20.9	23.3	26.7	10.0
2019	9.9	10.4	20.6	23.0	30.6	4.5
2020	-0.7	1.6	18.2	6.3	-0.3	10.4
2021	20.6	15.5	21.6	6.7	13.9	4.4
2022	9.4	3.3	26.7	3.5	0.2	7.7

数据来源：根据国家统计局公布的资料整理而得。

其次，医疗资源分布存在不均衡的问题。自2003年SARS疫情之后，我国政府在公共卫生体系建设方面增加了投入，取得了显著进展，但医疗服务体系仍然存在明显的不均衡。在过去的十多年里，我国卫生与健康事业取得了快速发展，医疗服务体系不断完善。根据全国医疗卫生服务体系规划纲要（2015—2020）的数据，我国已经建立了覆盖城乡的医疗卫生服务体系，其中包括医院、基层医疗卫生机构和专业公共卫生机构。在政府逐年增加的医疗卫生投入支撑下，我国医疗卫生资源总量不断增加，截至 2020 年底，公共医疗卫生机构增加了 21.67 万个，床位数增加了 595.65 万张。然而，虽然我国的整体医疗卫生资源有所增加，仍然存在总量不足、分布不均衡、发展不协调等问题。当前我国仍面临优质医疗资源总量不足、城乡和区域之间分布不平衡等问题，尤其是基层医疗卫生服务仍有较大改进空间。医疗资源不均衡主要体现在两个方面：一方面，尽管社会经济发展和人民群众对医疗卫生服务的需求不断增长，但医疗卫生资源总体相对不足，医疗服务质量仍待进一步提升，这形成了医疗体系发展的一大瓶颈。

在现代社会，医疗资源的短缺不仅仅意味着数量上的不足，更关乎服务水平和质量的提升。医疗卫生资源总量的相对不足导致了医疗服务的供需矛盾。人口增加、老龄化趋势以及疾病谱的变化，都对医疗卫生服务提出更高要求。然而，现有的医疗资源在数量上难以满足广泛的需求，这在一定程度上影响了人们对基本医疗服务的获取。同时，医疗卫生资源的不足也直接影响服务质量和水平。医疗行业的快速发展和医学科技的不断创新要求医护人员具备更高的专业水平和技术能力。然而，由于资源的有限性，很多地区的医务人员在面对日益复杂的医疗需求时可能感到压力巨大，难以提供高水平的医疗服务。另一方面，医疗资源的分布结构不合理，造成了城乡和区域之间存在显著的差异，这对医疗卫生服务的公平性和效率性带来了负面影响。这一问题不仅关系到人们获取医疗服务的平等权利，还可能导致部分地区的医疗负担加重，难以满足人民群众的基本医疗需求，影响了整体医疗体系的可持续发展。

第一，城乡之间的医疗资源差异是显著的。在一些相对贫困的农村地区，缺乏足够的医疗设施和专业医护人员，居民可能面临医疗服务不足的问题。相比之下，发达城市拥有更多的医疗机构和高水平医护团队，人们更容易获得优质医疗服务。这种城乡之间的不平衡加剧了医疗资源的浪费和过度使用，导致了医疗卫生服务的效率低下。第二，不同地区之间的医疗资源配置也存在差异。一些发达地区可能过度集中了医疗资源，而其他地区则相对匮乏。这种不均衡导致了一些地区的医疗设施负荷过重，难以满足人们对医疗服务的日益增长的需求。同时，一些医务人员可能更倾向于选择在发达地区工作，导致一些地方性医疗机构人才短缺。

此外，医护人员的缺口较大，导致患者面临更长的就医等待时间和相对较高的医疗费用。目前，我国医患比例为 1∶950，也就是说全国平均每 1000 人对应 1 个医生，相当于一个医生要覆盖一个小区的人口健康。中国医护比例 1∶0.61，远低于国际平均水平 1∶2.7。由于医护人员数量不足，患者在就医过程中往往需要面临较长的等待时间，这不仅影响了患者的就医体验，还可能导致一些病情因延误治疗而加重。特别是在一些繁忙的城市医院，医生和护士的工作量较大，难以满足患者的及时就医需求。由于医护人员供需矛盾，医疗服务的质量和效率可能受到一定程度的影响。医生和护士数量的不足可能导致医护人员超负荷工作，降低了医疗服务的水平。同时，医护人员的缺口也可能使得一些医疗技术和服务无法充分覆盖，需要更先进医疗手段的患者可能难以获得满足需求的医疗服务。此外，医疗费用的相对高昂也是导致看病贵问题的重要原因之一。医疗服务的需求与供给矛盾使得一些医疗资源变得紧缺，医疗费用也因此上涨。患者在面临看病难的同时，也可能承受更大的经济负担，特别是在一些需要长期治疗或高端医疗服务的情况下。

正是由于存在一系列问题，折射出社会医疗体系的短板，如医护资源不均衡、医疗服务质量参差不齐、费用不透明等，这些问题都成为制约医疗体系发展的瓶颈。因此，急需全社会的共同努力，通过加强对医疗体系的改革和投入，推动医疗服务更加普惠、公平，确保每个人都能够享有基本的医疗权益。在此过程中，需要注重提高医护人员数量、优化医疗资源配置、加强基层医疗服务建设，以及建立更有效的医疗费用监管机制，从而共同构建一个更健康、公正的、可持续的医疗体系。

(三) 失业风险陡增，失业保险保障功能不足

在 2020—2023 年，我国广大劳动者面临疫情和经济波动的双重冲击，工作和收入面临严重挑战。根据国家统计局的数据，就业压力相较疫情前显著上升，尤其在 2020 年和 2022 年，全国城镇调查失业率分别达到 5.6%，较 2019 年上升 0.4%。2022 年的失业率甚至超过了设定的"5.5% 以内"的目标上限。疫情对就业市场产生深远影响，表现在失业率修复速度远远低于 GDP 增长水平，青年和外来务工两个关键群体的就业压力持续攀升。尽管 2022 年的 GDP 增速较 2020 年提高了 0.8 个百分点，失业率没有相应下降，并在 2022 年 4 月和 11 月，出现逆季节性上升，分别达到 6.1% 和 5.7%，显示疫情对就业市场形成了持久的疤痕效应，失业率改善步伐较缓慢。在这个背景下，失业保险的作用显得尤为重要。根据人社部的最新数据，仅在 1—2 月，就有 219 万人次共领取了 61 亿元的失业保险金。尽管失业保险为失业者提供了一定程度的经

济支持，但由于存在一些问题，使得实际救助失业者的效果还有待进一步提升。

首先，尽管我国在 2012 年至 2022 年期间失业保险的覆盖率有所提高，从 19.9% 增至 32.5%，但仍存在一些局限，使部分受影响的劳动者无法充分享受相应的保障。由于失业金领取条件的多方面限制，实际能够领取失业金的劳动者比例相对较低，导致失业保险的实际覆盖效果受到限制。在 2012 年至 2022 年期间，收益率一直维持在 1.1% 至 1.3% 左右（详见表 4.2）。

表 4.2   **2012—2022 年中国失业保险基本情况**

年份	就业人数 (万人)	年末参保人数 (万人)	失业保险覆盖率 (%)	领取失业金人数 (万人)	失业保险收益率 (%)	费率 (%)	基金收入 (亿元)	基金支出 (亿元)	当年结余 (亿元)
2012	76704	15224.7	19.9	204	1.3	3	1139	451	688
2013	76977	16416.8	21.3	197	1.2	3	1289	532	757
2014	77253	17042.6	22.1	207.2	1.2	3	1380	615	765
2015	77451	17326.0	22.4	226.8	1.3	2	1368	736	632
2016	77603	18089	23.3	230.0	1.3	2	1229	976	253
2017	77640	18784	24.2	220.0	1.2	1	1113	894	219
2018	77586	19643	25.3	223.0	1.1	1	1171	915	256
2019	77471	20543	26.5	229.0	1.1	1	1284	1333	−49
2020	75064	21689	28.9	270.0	1.2	1	952	2103	−1151
2021	74652	22958	30.8	259.0	1.1	1	1460	1500	−40
2022	73351	23807	32.5	297.0	1.2	1	1596	2018	−422

数据来源：根据 2012—2022 年《中国统计年鉴》和《人力资源和社会保障事业发展统计公报》整理计算而得。

失业保险收益率偏低的一个主要原因是我国失业保险的覆盖范围相对较有限。以 2022 年为例，根据人力资源和社会保障事业发展统计公报的数据，全国参保失业保险的人数仅为 2.38 亿人，远远不及养老保险的 10.53 亿人。这狭窄的覆盖面导致许多失业者无法享受相应的保险保障，从而降低了失业保险的实际效益。另外，我国失业保险的覆盖群体存在与失业高风险人群之间的错位，加入失业保险制度的多是就业相对稳定、失业率较低的群体，而失业风险较高的农民工、灵活就业人员和应届毕业大学生等三大群体却未能充分纳入制度。

以应届大学毕业生为例，随着高等教育的普及，他们在我国新成长劳动力中的比例逐年增加。截至 2023 年，高校毕业生占据 1622 万新成长劳动力中的 71.4%。尽管就业人数不断创新高，但青年失业率却在不断攀升。2023 年 4 月，我国 16~24 岁群体的失业率达到 20.4%，而同年 6 月更是升至 21.3%。这表明，失业风险较高的群体面临更大的就业困境，却未能得到充分的失业保险保护，进一步影响了整体失业保险的覆盖效果和社会稳定。

其次，失业保险存在较高的领取门槛，给许多青年群体带来了一种"先有鸡蛋才有鸡"的困境。首先，要求个体必须在所在单位连续缴纳满一年的保险费。对于就业难度大、工作不稳定的青年来说，很多人无法达到这一缴费标准，因而难以享受失业保险的保障。其次，要求领取失业金的个体因非个人意愿而中断就业，使得那些主动离职的人无法获得相应的失业保险福利。在实际情况下，一些企业通过减薪、调岗等手段逼迫员工主动离职，以规避裁员的限制，从而避免支付经济补偿金。这种现象导致劳动者难以获得应有的失业保障，使得失业保险制度的实际效益大打折扣。当前社会中，资方相对强势，劳工和工会相对弱势，使得对职工离职原因的判断变得复杂。难以清晰区分劳动者个人意愿离职和被迫辞退的情况，进一步加剧了失业保险制度的执行难度。这种情况导致领取失业保险金的人数明显低于实际失业人口数量，使得失业保险制度的效能受到限制。

再者，失业保险金的替代水平和保障能力存在明显不足。根据《失业保险条例》规定，失业保险金标准应在当地最低工资标准以下，但高于城市居民最低生活保障标准水平，由省、自治区、直辖市人民政府确定。尽管我国失业保险金随着经济的发展逐年提升，例如，在北京市，失业保险金的最低发放标准从 2018 年的 1212 元/月上涨至 2022 年的 1816 元/月。然而，大多数地区的失业保险待遇通常仅为当地最低工资标准的 70%~80%。以北京市 2022 年为例，失业保险金的最低发放标准(1816 元/月)和最高发放标准(1925 元/月)分别相当于该市最低月工资标准(2420 元/月)的 75% 和 80%。就全国平均水平而言，2022 年我国失业保险月人均待遇为 1553 元/月，而当年度城镇私营单位就业人员的年平均工资为 5436 元/月，失业保险金替代率仅为 28.6%。这表明，我国的失业保险金水平与当前物价水平和生活成本不相适应，这一标准无法有效保障失业职工及其家庭的最低生活水平，明显缺乏对失业人员基本生活和需求的充分保障。

此外，失业保险在过分强调共济性方面存在问题，对职工和企业都带来了明显的不公平影响。对于职工而言，缴费标准与工资水平挂钩，高工资水平意味着更高的缴费责任，而低工资水平则对应较低的缴费额。然而，失业保险金的待遇却并不按照个人缴费水平来确定，而是在同一地区享有相同的待遇水平。对于那些在法定劳动年龄内一直保持就业的职工来说，可能无法享受失业待遇，导致个人缴纳的失业保险费似乎被视为一种无法得到回报的"共济"。对企业而言，经营状况较好、收益较高的企业通常需要缴纳更多的保险费，但由于失业人员比例较低，却享受相对较低水平的失业保险待遇。相反，效益较差的企业缴费较少，由于失业人员比例较高，却享受更高水平的失业保险待遇。这种共济性强调的制度设计导致了职工和企业在权利与义务上存在不对等和不公平的状况，同时也削弱了企业和职工参保缴费的积极性。

三、市场化程度与经济福利

改革开放以来至 21 世纪到来期间，中国经济体制经历深刻演变，间接推动了社会保障制度的改革，其中最显著的是社会福利制度的市场化改革。市场化改革的核心思想是舍弃原有计划经济体制，摆脱以单位为基础的高度保障模式，而转向社会福利多元主义的时代。在市场化的过程中，一些子市场的市场化程度相对较低，保留较多的传统形式，未能得到市场的充分认可，例如家庭无偿的照料劳动；而另一些子市场则市场化明显，尤其是在住房市场。接下来，本书将深入探讨这两个方面与经济福利的关系，并进一步分析市场化对社会福利的影响。

(一) 无偿家务劳动与经济福利

经济学家长期以来一直对将无偿照料劳动排除在国民核算体系之外的理念表示不满(例如，Waring[1][2])。但自 1972 年诺德豪斯和托宾[3]，以及 1989 年

---

[1]　Waring M. Counting for Nothing. What Men Value and What Woman Are Worth[M]. Toronto：University of Toronto Press，1999.

[2]　Waring M. Counting for Something! Recognizing Women's Contribution to the Global Economy through Alternative Accounting Systems[J]. Gender and Development，2023，11(1)：35-43.

[3]　Nordhaus W D, Tobin J. Is Growth Obsolete? [M]. New York：Columbia University Press，1972.

戴利和科布①尝试衡量经济福利以来，无偿照料劳动就包括在经济福利的计量体系中。根据联合国妇女署②的定义，无偿照料劳动通常指个人为家庭或社区内成员的利益提供的所有无偿服务，包括照顾人员和居家劳动。这类劳动涵盖了多种活动，如洗衣、烹饪、清理，以及对儿童、老人和残障人士的关怀。同时，与家务劳动或照顾相关的志愿社区工作，比如参与社区厨房或儿童保育项目，也被认为是无偿照料劳动的一种表现。需要特别强调的是，这种劳动形式并不包括"自用商品生产"，即为了自己使用而生产商品的情况，以及"营利性"就业，例如在家族企业工作但不领取工资或薪金的生产活动③。这一区分有助于更准确地理解无偿照料劳动的性质，凸显了非以经济回报为目标，而是为了家庭和社区的福祉。然而，尽管无偿家务劳动具有市场商品化的潜力，这些活动却未被纳入国民账户体系（NSA），而 NSA 是用于度量对 GDP 贡献的主要经济核算体系。全面认可和充分重视无偿照料劳动将更为准确地反映社会福利和经济发展的进程。对无偿照料劳动的认可和重视有助于更好地解释社会福利和经济发展方面的进步。

在改革开放之前，照料劳动的责任分担主要涉及家庭、国家和企业三方。随着市场化的推进，这种责任的主要负担逐渐向家庭转移。例如，在国有企业改革期间，企业不再提供托儿服务，这一转变使得家庭成为照料责任的主要承担者。由于企业减少了提供社会福利的力度，家庭被迫更多地依赖于自身的资源，来解决劳动照料的问题。特别是在妇女职工方面，她们往往面临着事业和家庭的双重责任压力，需要在职场上追求自我发展的同时，仍然要承担家庭中的大部分照料工作，这种变化也在一定程度上加剧了社会中的性别不平等问题。由于女性在家庭中承担了更多的照料责任，她们在职场上的职业晋升和薪资待遇方面可能会受到限制，这不仅造成了女性个体在待遇上的不公平现象，也影响了整个社会的性别平等发展。

---

①　Daly H E, Cobb J B. For the Common Good：Redirecting Economy toward Community, the Environment, and a Sustainable Future［M］. Boston：Beacon Press, 1989.

②　国际劳工组织，联合国妇女署. 中国的照料劳动：发展现状、价值估算及疫情影响［R/OL］. https：//asiapacific. unwomen. org/sites/default/files/2023-11/cn-c383-231025-care-work-in-china-zhongguodezhaoliaolaodong. pdf, 2023-10-28.

③　Addati L, Umberto C, Valeria E, Isabel V. Care Work and Care Jobs for the Future of Decent Work［R/OL］. https：//www. ilo. org/global/publications/books/WCMS_633166/lang-en/index. htm, 2018-06-28.

随着社会经济的不断发展，我国政府逐渐开始关注和重视无偿照料劳动的问题。具体而言，《中国妇女发展纲要（2021—2030 年）》①明确提倡男女平等分担家务，共同肩负照顾子女、照料老人等家庭责任，以缩小性别在无偿照料劳动时间上的差距。该文件要求用人单位应积极实施探亲假、职工带薪休假、配偶陪产假等制度，鼓励企业推动灵活休假和弹性工作制度，为员工创造生育友好的工作环境，以支持男女职工共同履行家庭责任。同时，中共中央和国务院②在 2021 年 7 月作出的一项决定强调优化计划生育政策，促进人口的长期均衡发展。这一决定明确提出建设"普惠服务体系"的目标，鼓励雇主制定有利于员工平衡工作与家庭的政策。推动照顾婴幼儿的"生育友好"措施也被列为其中的重要内容，其中包括提供更为灵活的假期和工作安排，以满足员工在家庭生活和工作之间的合理平衡需求。这些政策的出台和实施体现了社会对于无偿照料劳动的认知逐渐升温，开始重视家庭责任的平等分担。近期，国内一些企业开始尝试减轻员工的家庭负担，然而，政府和企业在这方面的投入不足，导致了优质公办幼儿园供给不足、教师性别比例失衡以及管理机制薄弱等问题。尽管国家和企业都已制定了减轻无偿照料劳动负担的政策和措施，但在实际执行中，仍存在显著不足之处。

对家庭劳动价值的估算通常采用三种方法，包括机会成本法、专业替代法和综合替代法。其中，机会成本法基于一种假设，即从事无偿照料劳动的居民有机会参与有报酬的工作。通过使用他们在劳动力市场上的个人工资率，计算他们从事无偿照料劳动的价值，具体而言，公式为：

$$无偿照料劳动价值 = 人均无偿照料劳动时间 \times 15 \text{ 岁以上人口数} \times$$
$$城镇职工平均工资率 \tag{4-2}$$

根据国际劳工组织和联合国妇女署③于 2023 年发布的《中国的照料劳动：发展现状、价值估算及疫情影响》报告，采用机会成本法估算 2008 年无偿照料劳动的经济价值，相当于 GDP 的 27.1%，与此相比，2018 年的估算值为30.1%。值得注意的是，男性和女性在这方面的贡献存在显著差异。

---

① 中国政府网 . 中国妇女发展纲要（2021—2030 年）[EB/OL]. https：//www. nwccw. gov. cn/2021-09/27/content_295777. htm，2021-09-27.

② 中共中央国务院 . 关于优化生育政策促进人口长期均衡发展的决定[EB/OL]. https：//www. gov. cn/zhengce/2021-07/20/content_5626190. htm，2021-07-20.

③ 国际劳工组织，联合国妇女署 . 中国的照料劳动：发展现状、价值估算及疫情影响 [R/OL]. https：//asiapacific. unwomen. org/sites/default/files/2023-11/cn-c383-231025-care-work-in-china-zhongguodezhaoliaolaodong. pdf，2023-10-28.

专业替代法最早由 Robert Eisner 提出，其基本思路是通过考虑如果同样的工作雇佣别人来完成所需支付的数额，作为家庭劳动的等价变量。因此，专业替代法的一般思路是选择与无偿照料劳动相关的行业（如住宿和餐饮业、居民服务业、其他服务业、卫生、社会保障和社会福利业）的工资率，以替代无偿照料劳动的报酬率。具体而言，其计算公式为：

$$无偿照料劳动价值 = \sum（无偿照料劳动时间 \times 对应市场替代行业工资率）$$
$$\times 15 \ 岁以上人口数 \tag{4-3}$$

基于专业替代法，国际劳工组织和联合国妇女署估算我国 2008 年无偿照料劳动价值占 GDP 的比重为 23.6%，而 2018 年无偿照料劳动价值占 GDP 的比重为 26.1%。

至于综合替代法，其主要是使用居民服务业和其他服务业的工资率来替代无偿照料劳动报酬率。具体计算公式为：

$$无偿照料劳动价值=人均无偿照料劳动时间\times15 \ 岁以上人口数$$
$$\times居民服务业和其他服务业工资率 \tag{4-4}$$

据国际劳工组织和联合国妇女署估算，我国 2018 年使用综合替代法估计的无偿照料劳动价值占 GDP 的比例分别为 23.3%，而 2018 年的估算值为 22.6%。

综合来看，这三种方法，在一定程度上反映了家庭劳动的经济价值。机会成本法凸显了个体在劳动力市场上所放弃的机会成本的重要性，专业替代法通过市场替代行业的工资率呈现了家庭劳动的替代潜力，而综合替代法则在多个行业工资率的综合考量下更全面地分析了无偿照料劳动在国家 GDP 中的贡献。然而，这三种方法也都存在一些缺陷。机会成本法虽然重视了无偿照料劳动的个体机会成本，但却未能充分考虑到家庭劳动的多样性。专业替代法的局限性在于选择替代行业和确定权重可能受到主观因素的影响。而综合替代法，尽管考虑了多个行业的工资率，但仍有可能忽略了一些特殊情况和因素。因而，在实际应用中，需要综合考虑各种方法的结果，以更全面、科学地评估家庭劳动的经济价值。鉴于数据的可获得性和方法的可行性，因此本书拟采用国家统计局于 2008 年和 2018 年的中国居民时间利用调查报告以及多期中国家庭收入调查（CHIP）的数据，采用机会成本法来估算无偿照料劳动的价值。

（二）住房市场化与经济福利

在我国经济资源配置方式从"计划"体制向"市场"体制的转变的过程中，政府放弃了单位体制下的社会福利管理，引入了更多的市场机制，尤其是在医疗、教育等领域进行了深层次的改革。这一变革的显著特征在于彻底改变了原有的单位办社会、单位办福利的制度。过去高度集中的社会、福利资源管理逐渐向多元化模式转变，为个人提供更多选择的机会。然而，这也带来了一个挑战，即市场机制的引入使得服务者个人的投入明显增加，从而在一定程度上抵消了政府的总体投入。这意味着尽管政府在医疗卫生、教育、社会救助等方面的总体投入持续增长，但由于市场机制的作用，民众福利的提升并没有如人们期望的那样显著。

从总投入、投入结构和民众福祉的角度来看，我国社会福利的发展在一段时间内呈现出滞缓的趋势。尽管政府不断加大对社会福利的资金支持，但市场化改革使得福利服务的提供更加依赖个体的经济能力，这可能导致一些弱势群体的福祉得不到充分保障。特别是在住房领域，市场机制的介入可能导致一些基本服务的私人化和商业化，使得部分人面临更高的经济压力，从而减缓了整体社会福利水平的提升速度。

购房价格作为影响居民经济福利的重要因素，在我国社会中扮演着关键而复杂的角色。自 1998 年住房制度改革以来，中国房地产市场逐渐市场化，房地产行业迅速发展，成为推动中国经济波动的重要推动力。受传统文化深刻影响，许多中国家庭和个人普遍认为，拥有一个安稳的住房是实现"安居乐业"的不可或缺的关键。这不仅仅是对基本生活需求的追求，更代表着建立起了家庭的根基，培养了归属感和安全感。在这样的文化氛围中，住房不仅仅是个人空间的象征，更是社会地位的一种确认。这种观念深刻地影响了个体的生活决策，将住房与婚姻、子女教育、户籍等重要方面紧密相连。结婚、子女受教育程度等生活大事往往直接与拥有一套适宜住房相关联，被视为家庭发展中的至关重要的步骤。在这个文化背景下，住房成为家庭实现安定和幸福生活的重要保障。

然而，这种传统文化的影响也带来了一些挑战。随着城市化进程的不断加速和住房需求的激增，房地产市场的高房价和供需矛盾成为一些家庭难以逾越的障碍。我国商品房价格自 2000 年的每平方米 2112 元上升至 2022 年的每平方米 10185 元，涨幅近 5 倍，尤其在东部地区和大中城市，房价上涨更为显著，有些家庭多年辛勤努力也难以置业。据在线数据库 NUMBEO 统计①，我

---

① Numbeo database. Cost of Living[EB/OL]. https：//www. numbeo. com/cost-of-living/，2023-09-15.

国的房价收入比高达 27.89，远超出发展中国家 3~6 的合理房价收入比。这种房价上涨逐渐影响居民的财产和收入结构。研究发现，在过去的约 10 年里，我国人均财富年均增长率达到 22%，而房产价值的年均增长率更高，达到了25%。根据西南财经大学中国金融调查的统计数据，中国家庭资产中房产占比已经达到 68%，在大城市如北京和上海更是高达 85%。然而，随着城市化进程逐渐趋缓、经济环境下行风险加大，以及老龄化和低出生人口时代的到来，房价是否能够持续上升，以及这种上升是否能够实质性地促进经济福利的增长，正成为一个引起深刻思考的问题。

作为至关重要的经济和社会资源，住房具备高度的价值和成本，同时蕴含消费和投资的双重属性。房价上涨可能对居民消费产生两种相反的效应，其影响方向并不确定。在一些城市地区，房价上涨可能促使居民为购房增加储蓄，试图降低当前的消费水平，形成所谓"挤出效应"①②。同时，住房作为家庭的重要资产，房价上涨将带来房产价值的提升，形成"财富效应"，激发家庭增加消费的动力③④。这种双重效应使得房价对居民消费产生复杂而多面的影响。高房价可能导致一部分居民在购房压力下削减其他支出，受到"挤出效应"的制约，同时也可能激发另一部分居民通过财富效应增加消费，推动经济的增长。然而，在中国的绝大多数农村地区，随着居民收入的增加，他们在日常衣食、文化娱乐等方面的支出仍然受到较大的限制，因为将盖房视为主要人生目标已成为常态。许多外出打工的人们将追求赚钱和储蓄作为人生的主要理想，最终回到老家盖房。由于农村居民相对密集的居住格局，个体消费容易受到其他人，如邻居、亲戚等的影响。通常情况下，房屋被视为身份和地位的象征。如果某个村庄有人盖起了更新更大的房屋，会对其他人产生示范效应，激发其他居民陆续翻盖新房，这种社会比较效应使得盖房成为一种群体共同追求，而非个体简单的实用需求。这不仅仅是满足基本生活需求的问题，更涉及社会认同和人际关系的符号。

---

① Sheiner L. Housing Prices and the Savings of Renters[J]. Journal of Urban Economics，1995(7)：94-125.

② 颜色，朱国钟．"房奴效应"还是"财富效应"？——房价上涨对国民消费影响的一个理论分析[J]．管理世界，2013(3)：34-47.

③ Martin B，Mette G，Soren L. Housing Wealth and Consumption：A Micro Panel Study[J]. The Economic Journal，2013(123)：401-428.

④ 何兴强，杨锐锋．房价收入比与家庭消费——基于房产财富效应的视角[J]．经济研究，2019(12)：102-117.

　　陈彦斌、赵西亮等学者①②的研究也强调，高房价可能通过影响家庭的储蓄和住房投资行为，导致中国城镇居民在生命周期和横截面上的储蓄率以及财产分布呈现出不同寻常的趋势。这种影响可能带来较大的福利损失。即使房地产行业的收入能够100%回流到家庭部门，中低收入家庭在高房价下的福利损失仍相当于其可支配收入永久性降低了4%以上。而更为现实的情况可能是，这一结果可能被低估。实际上，房地产行业的收入并不会按照劳动性收入的比例平等惠及所有家庭，而更多情况下受益的只是少数房地产商。因此，关于住房支出中有多大比例真正提升了经济福利的问题是值得怀疑和深思的。考虑到我国存量房数据难以获取，本研究将依据国家统计局年度公开数据、中国住房存量报告以及房地产行业分析报告，通过估算住房给居民带来的经济福利，对经济福利中的房屋支出进行扣减。同时，还将增加按人均居住面积估算住房带来的福利收益，这有助于更全面、客观地评估房屋对居民经济福利的实际贡献。

四、小结

　　综合来看，个体和社会的福祉受众多因素的综合影响，经济因素仅为其一，非经济层面的因素同样具有重要影响。随着中国经济体制的改革，引发的一系列非经济层面的变化涉及家庭、社会等多个方面，对整体福祉产生深远影响，其重要性不可忽视。

　　经济体制改革引发了频繁的人口流动，导致人们逐渐脱离原有的熟人群体生活，从而改变了人与人之间的相互关系。在这一背景下，陌生人之间的信任关系难以建立，直接影响了社会伦理等方面的运作。城市化进程中，农村人口大规模涌入城市，引发了一系列问题，如拥挤、交通堵塞、噪音等，从而增加了人们在交通方面的时间和金钱成本。城市规模的扩展也带来了一系列挑战，使得人们在城市生活面临更多的困扰。农村人口成为城市的"民工"，虽然在城市工作，他们却在农村生活，因此承受了更多的城市化成本。这反映了中国长期存在的二元经济结构，对个体经济福利产生了直接影响。这一系列变化不

---

　　① 陈彦斌，邱哲圣. 高房价如何影响居民储蓄率和财产不平等[J]. 经济研究，2011(10)：25-38.

　　② 赵西亮，梁文泉，李实. 房价上涨能够解释中国城镇居民高储蓄率吗？——基于CHIP微观数据的实证分析[J]. 经济学(季刊)，2013(4)：81-102.

仅对个体造成了经济上的压力，也深刻地影响着整个社会的福祉，对于社会发展和政策制定提出了新的挑战。因此，在评估经济福利时，应全面考虑经济和非经济因素，深入思考如何提升社会的整体福祉水平。

第五章　中国经济福利的实证分析

在第四章中，本书深层次探讨了国民收入和收入不平等程度对经济福利的关键影响因素，并对其在理论上作为经济福利关键因素的基础进行了详细分析。由于家庭消费与经济福利的逻辑与对收入与经济福利的考察类似，因此再次审视两者之间的关系已经失去意义。经济理论指出，收入通过间接效用函数对经济主体产生影响，而消费则通过直接效用函数为经济主体带来效用，而直接效用函数可以转化为间接效用函数。尽管在理论上容易证明它们的等价性，但在中国经济的实际情况下，居民的储蓄率较高，导致了消费与收入之间的关系减弱。因此，通过从消费角度再次检验中国居民的消费与收入关系是有益的。

即使不考虑消费与收入之间的关系，由于考察消费与经济福利的数据集与之前考察收入的数据集不同，通过从消费角度进行检验有助于进一步验证收入与经济福利之间计量结果的稳健性以及调查数据的可靠性。考虑到收入与消费之间存在高度共线性，这很大程度上会影响解释变量的符号和显著性。即使在检验过程中对这两者的数据进行了处理，例如对数据进行对数化等减弱多重共线性的方法，仍然难以得到理想的结果。

将收入与消费变量合并意味着需要将以个体为单位的居民收入转化为以家庭为单位的家庭收入，这将减少大量的观测值。鉴于这两个考虑因素，因此决定分开讨论收入和消费对经济福利的影响。此外，对消费和收入分开考察的另一个原因是，通过不同角度探讨这两个因素对经济福利的影响，有助于全面理解居民生活满意度的形成机制。通过分别关注居民的收入和消费，能够更清晰地了解这两个因素在影响经济福利方面的独特作用。这有助于提供更具体、更精细的政策建议，以促进居民的经济福祉。

同时，本章将借助之前的理论分析以及国际上比较成熟的可持续经济福利理论框架，深入研究了 1998 年至 2020 年间中国经济福利的影响因素和变动情况。这一时期正值中国经济资源配置方式发生显著变革的"转轨期"，社会成员的生活方式也发生了根本性的变化，对整个社会成员经济福利演变的影响因素既具有一定的共性，又呈现出独特个性。本书的研究基于一个基本原则，即在中国经济福利的测算中，尽可能保持调整项、项目和衡量方法的一致性，以实现国际上的可比性。同时，本书还考虑在这一时期内对中国经济福利产生主要影响的因素。

一、收入、消费对经济福利影响的实证检验

为深入研究经济因素对经济福利的实证影响，本节将利用居民家庭调查数据，实证检验收入或消费与不平等程度对经济福利的潜在影响。在构建计量模型时，为了确保结果的可靠性和稳健性，本书引入了非经济因素作为控制变量，并采用了多种计量方法进行估计。通过这种方法，致力于提高计量结果的科学性，以更全面、深入地了解收入或消费与不平等程度对经济福利的潜在影响。

(一) 收入对经济福利的影响

根据微观经济理论，在价格保持不变的情况下，随着收入的增加，经济主体的预算线将向外平移。这一现象使得预算线与无差异曲线的交点向外移动，进而提高了经济主体的最大化效用。即：收入的增加将直接促使经济主体的经济福利提高。因此，根据间接效用函数可得，在价格 P 固定的情况下，收入 s 对效用水平的高低起着决定性的作用，即：

$$\mu = \bar{\mu}(p, s), \quad \frac{\partial \bar{\mu}(p, s)}{\partial s} \tag{5-1}$$

这一理论说明了个体在收入增加的情况下能够享有更高水平的消费和福利。由于预算线的外移，经济主体有更多的资源用于满足其需求和欲望，从而提升了整体生活水平。这种收入效应在经济学中是一个重要的概念，可以间接反映了收入对个体和家庭经济福利的直接影响。

1. 数据来源

本章使用的数据来源于 2020 年北京大学中国社会科学发布的中国家庭动态跟踪调查 (Chinese Family Panel Studies, CFPS)。这一调查由北京大学中国社会科学调查中心进行，旨在深入了解中国家庭的状况、结构和动态变化。CFPS 提供了广泛而详细的信息，覆盖了家庭成员的经济状况、社会地位、教育水平等多个方面，包括关于影响"居民生活满意度"的经济和非经济因素。然而，截至目前，尚未发现有关居民对个人经济福利评价的相关调查。鉴于第

一章对福利内涵的讨论，本研究决定采用居民的"幸福感"或"生活满意度"调查数据（即问卷中的 QN12012"对自己生活满意度"），来替代对个人经济福利的评价。本书使用变量 iwb，并将其对应的回答分为从"很不满意"到"非常满意"的5个等级，分别用1、2、3、4、5表示。鉴于全日制在校生通常没有稳定的收入来源，并且在学校读书的学生与在社会中工作的人的行为及关注点有很大差异，为了更可靠地研究影响经济福利的因素，本书在样本选择中排除了在校学生的样本数据。

2. 指标选取

在影响经济福利的经济因素方面，本书引入了以下变量：

（1）inc（居民收入）：表示居民在当年的总收入，为绝对量指标。

（2）linc（收入的对数）：表示居民当年总收入的对数，为绝对量指标。

（3）ome（自付医疗费用）：表示居民当年自己支付的医疗总费用。强调"自付"的原因是有些居民可能通过单位报销或医疗保险报销一部分费用，因此选择使用居民自付的医疗总费用来反映医疗支出。

（4）ril（相对收入水平）：对应问题 QN8011"您的收入在当地处于什么水平？"的回答，数字1到5分别代表相对收入水平从"很低"到"很高"等5个层次。

在影响非经济福利的个体特征方面，本书引入了包括性别（gen）、年龄（age）、健康状况（hth）、教育水平（edu）、婚姻状况（mar）、孩子（chl）、工作状况（wor）、社会地位（s_s）等多种因素。这些因素可以帮助更全面地了解非经济福利的评价，同时分析它们在居民生活满意度中的具体作用。此外，本书也考虑了一些主观因素，例如对未来的信心（con）、人际关系（hur）等变量。这些因素涉及个体的主观感受和可能的随机事件，对非经济福利的评价产生一定的影响。通过引入这些变量，可以更深入地探讨非经济因素在居民生活满意度中的作用机制。

3. 变量描述性统计

根据表5.1提供的数据，可以观察到变量 iwb 的均值为3.18，中位数为4.0。这表明在这个样本中，大多数国人对自己的生活感到相当满意。然而，需要注意的是，由于在校生没有收入来源，这可能影响到变量 inc（即收入）的数值。因此，收入的均值仅为 15339.80 元，远低于我国的人均 GDP 水平。首先，iwb 的均值为3.18，中位数为4.0，提示了整体上国人对生活的满意度较高。中位数为4.0显示样本中的中间位置的个体对生活的评价相当满意,这对于了解整体生活质量提供了有益信息。其次,关于收入(inc)的数据,均值仅为15339.80元,表明在这个样本中,平均每个人的收入相对较低。需要注意的是,由于在校生没有收入来源,这对整体收入的计算产生了影响。因此,均值相对于中位数而言,可能不太准确地反映了大多数人的真实收入水平。这样的数据提醒我们,在分析社会经济指标时,要审慎考虑样本中可能存在的特殊群体,如学生,以避免其特殊情况对整体指标的扭曲影响。

表5.1　　　　　　　　主要变量定义及统计结果

变量	数据源于调查问卷	定　义	观测值	均值	中位数	标准差	最小值	最大值
iwb	QN12012	对自己生活满意度(数字1~5表示从不满意到非常满意的5个层次)	28590	3.18	4.00	1.82	0.00	5.00
inc	PG12	工作总收入(元)(含所有工资、奖金、现金福利、实物补贴,不含税和五险一金)	28590	15339.80	0.00	32829.98	0.00	700000.00
ome	QC701	医疗费用自付花费(元)(不含已经报销或预计能报销部分)	28590	1491.67	0.00	8231.96	0.00	520000.00
ril	QN8011	您的收入在本地(数字1~5表示很低到很高的5个层次)	28590	2.18	3.00	1.57	0.00	5.00
gen	QA002	受访者性别(数字1为男性,5为女性)	28590	3.00	5.00	2.00	1.00	5.00
age	QA001Y	年龄	28590	44.26	44.00	19.47	9.00	104.00
hth	QP201	健康状况(数字1~5表示为非常健康-不健康的5个层次)	28590	2.89	3.00	1.23	0.00	5.00
edu	W01	最高学历(其中数值0表示文盲/半文盲,数值3~9表示小学 博士,数值10表示从未上过学)	28590	2.03	0.00	2.54	0.00	10.00

变量	数据源于调查问卷	定　义	观测值	均值	中位数	标准差	最小值	最大值
mar	QEA0	当前婚姻状态(数值 1~5 表示未婚和丧偶 5 个状态)	28590	1.87	2.00	0.88	1.00	5.00
chl	Q9013	是否有小孩	28590	1.27	1.00	1.42	0.00	13.00
wor	GB201+GB501	是否工作(数字 0 和 1 分别表示失业和在业)	28590	0.63	1.00	0.48	0.00	1.00
s_s	QN8012	您的地位(数字 1~5 表示从很低-很高的 5 个层次)	28590	2.42	3.00	1.56	0.00	5.00
con	QN12016	对自己未来信心程度(数字 1~5 表示没有信心-很有信心的 5 个层次)	28590	3.29	4.00	1.87	0.00	5.00
hur	QM2011	人缘关系有多好(数字 0~10 表示最低-最高 11 个等级)	28590	6.14	7.00	2.97	0.00	10.00

数据来源:根据 CFPS2020 家庭跟踪调查数据整理而得。

医疗费用自付花费(ome)的数据呈现出一些显著特征。首先,ome 的极大值高达 52 万元,表明在样本中存在一些个体的医疗费用支出相对较高,可能反映了个别人群面临的重大医疗开支。其次,ome 的中位数为 0 元,表明在样本中有一半以上的个体的医疗费用自付花费为零。这可能是因为部分人群享受了医疗保险或者在某种程度上得到了政府医疗支持,从而减轻了他们的负担。医疗费用自付花费在整体上的均值为 1491.67 元,占收入(inc)的 10% 左右。这表明在整个样本中,个体平均每年为医疗支出支付的费用相对较低。尽管整体平均值较小,但需要注意的是,一些个体可能面临高额的医疗费用,这可能对其经济状况构成较大负担。这些数据显示出,医疗支出在不同个体中存在显著差异,个别人群可能需要面对较高的医疗开支。在制定医疗政策和改善医疗体系时,需要考虑到这些差异,以确保提供有效的医疗保障和支持。

在上述数据表中,有两个数据较为凸显,即教育水平(edu)和子女数量(chl)。首先,教育水平(edu)反映了受访者的教育水平。尽管我国高等教育已经取得了显著的普及，然而，调查数据显示 edu 的中位数为 0.00，这意味着至少有 50% 的样本数据未接受或未完成小学教育。这一发现可能揭示了我国在普及高等教育方面依然存在差距的现状，某些地区或特定群体中的教育水平存在不均衡的情况。为深入了解这一现象，未来的研究可以进一步挖掘不同群体之间的教育差异，以揭示其对个体经济福利的影响。其次，关注子女数量（chl）。数据显示拥有孩子的均值为 1.27，中位数为 1。这或许表明在调查样本中，大多数受访者都是有子女的。然而，这一数字相对较低，可能反映了受访者在生育方面的谨慎态度或相对较低的生育趋势。对于那些拥有子女的个体而言，他们可能面临家庭责任、子女教育和照顾等方面的压力，这些因素可能对其经济福利和生活满意度产生重要影响。

4. 相关性检验

从表 5.2 中可以看到几个比较有价值的关系：首先，经济基础决定社会地位。对自己生活满意度与您的收入在本地（ril）、您的地位（s_s）、对自己未来信心程度（con）和人缘关系（hur）存在高度相关性，相关系数分别为 0.72、0.80、0.90 和 0.62；与是否工作存在一定的相关性，然而与拥有孩子的个数、性别和扣除自付医疗费用几乎没有明显关系。其次，婚姻与年龄之间的相关性系数为 0.56，显示两者之间存在较强的正相关关系。这意味着随着年龄的增长，个体更有可能处于婚姻状态。这种关联性可能受到社会文化、家庭期望和个体成熟度等因素的影响。年龄与受教育程度之间存在负相关，相关系数为 -0.60。这暗示随着年龄的增长，个体的受教育程度呈下降趋势。这一负相关性的可能原因之一是在我国早期阶段，一些个体由于经济条件、地理位置或社会政策的原因难以获得充分的教育机会。

这就使得随着这些个体年龄的增长，其受教育程度相对较低。此外，健康状况与年龄之间存在一定的相关性，相关系数为 0.4。这表明随着年龄的增长，个体的健康状况可能出现一定的变化。这种相关性可能反映了随着人们年龄的增长，他们更容易受到健康问题的影响。随着年龄的增加，个体可能面临生理和健康状况的变化，这可能导致一些慢性疾病或健康问题的增加。此外，随着年龄的增长，个体可能对健康问题更加敏感，更加注重健康管理和保健。然而，这种相关性并不意味着年龄是健康问题的唯一决定因素，其他因素如受教育程度、生活方式和生活环境也会对健康产生影响。

表5.2 计量模型中主要变量的相关系数

	iwb	inc	ome	ril	gen	age	hth	edu	mar	chl	wor	s_s	con	hur
iwb	1.00													
inc	0.13	1.00												
ome	0.07	-0.02	1.00											
ril	0.72	0.18	0.06	1.00										
gen	-0.01	-0.15	0.02	-0.03	1.00									
age	0.15	-0.16	0.08	0.22	0.02	1.00								
hth	-0.04	-0.08	0.16	-0.01	0.08	0.40	1.00							
edu	0.17	0.34	-0.04	0.07	0.01	-0.60	-0.21	1.00						
mar	0.15	-0.07	0.05	0.19	0.10	0.56	0.24	-0.29	1.00					
chl	-0.00	-0.03	-0.01	0.02	0.03	-0.15	-0.06	0.13	0.01	1.00				
wor	0.32	0.33	-0.02	0.41	-0.15	0.04	-0.04	0.12	0.04	0.01	1.00			
s_s	0.80	0.09	0.07	0.77	-0.00	0.20	-0.01	0.08	0.17	-0.00	0.30	1.00		
con	0.90	0.10	0.07	0.72	-0.02	0.10	-0.05	0.22	0.13	0.00	0.35	0.79	1.00	
hur	0.62	0.08	0.05	0.49	-0.02	-0.14	-0.17	0.20	-0.01	0.12	0.14	0.58	0.61	1.00

5. 计量结果及分析

针对有序选择变量模型，Ada Ferrer-i-Carbonell 和 Paul Frijters[①] 的研究指出不同学科的研究者在处理方法上存在差异。心理学家和社会学家通常将有序的离散选择因变量视为基数，并采用普通最小二乘法(OLS)对模型进行估计；而经济学家则更倾向于使用有序潜变量响应模型，如 Ordered Probit 和 Ordered Logit 模型进行回归分析。有趣的是，研究发现在待估参数的符号和显著性方面，Ordered Probit/Logit 估计法和普通最小二乘(OLS)估计法几乎没有差异，因此，本章将分别采用 Ordered Probit 来消除解释变量对福利变化的影响，同时消除非观测因素的影响，从而在一定程度上减轻变量间的内生性与多重共线性等问题，获得更为可靠稳健的估计结果。具体实证检验结果如表 5.3 所示：

表 5.3　　　**2020 年总样本的有序 probit 估计结果(因变量为 iwb)**

变量	模型 1	模型 2	模型 3	模型 4	模型 5	模型 6
inc	9.26*** (8.71)			8.46*** (7.26)		−4.16 (−0.53)
ome					0.00** (2.84)	0.00** (2.54)
ril		4.06*** (25.04)	2.78*** (12.42)		2.62*** (10.97)	2.08*** (7.64)
gen	−0.00 (−0.41)	0.02 (0.54)	0.01 (0.12)	−0.01 (−0.76)	−0.01 (−0.27)	−0.02 (−0.38)
age	−0.00*** (−2.89)	−0.00 (−0.93)	−0.01 (−1.29)	0.00** (2.32)	−0.01 (−1.08)	−0.00 (−0.35)
hth	0.24*** (10.13)	0.21*** (3.21)	0.26*** (3.03)	0.19*** (7.30)	0.17** (1.96)	0.22** (2.24)
edu		0.19*** (5.00)	0.16*** (3.30)	0.29*** (15.41)	0.17*** (3.38)	0.17*** (2.74)

---

① Ada Ferrer-i-Carbonell, Paul Frijters. How Important is Methodology for the estimates of the determinants of Happiness? [J]. The Economic Journal, 2004(114)：641-659.

续表

变量	模型1	模型2	模型3	模型4	模型5	模型6
mar		0.11 (1.43)	0.18* (1.83)	0.12*** (4.32)	0.15 (1.36)	0.10 (0.95)
chl			−0.04 (−0.64)	−0.07*** (−3.04)	−0.04 (−0.55)	−0.04 (−0.43)
wor			0.34* (1.80)		0.43** (2.15)	0.43* (1.79)
s_s			1.29*** (8.47)		1.19*** (7.33)	0.47** (2.33)
con						0.91*** (3.52)
hur			0.35*** (7.95)			0.00 (0.02)
LR statistics	181.65	2372.2	2499.97	466.45	2517.14	2559.29
McFadden R2	0.068	0.88	0.93	0.17	0.94	0.95

注：括号中数字表示 z 值。* 表示 p 值小于 0.10，** 表示 p 值小于 0.05，*** 表示 p 值小于 0.01。

在对模型 1、4 和 5 进行考察后发现，无论是否扣除自付医疗费用，居民收入变量的参数估计结果均呈现显著的正向效应（在 5% 的显著性水平上）。即便在模型 6 中，当引入相对收入变量时，居民收入变量仍然在 5% 的显著性水平上保持显著。这一结果与 2010 年官皓在《收入对幸福感的影响研究：绝对水平和相对地位》一文中存在显著差异。官皓[1]的研究指出，随着模型控制变量的增加，居民收入（即其所谓的绝对收入）变量的系数逐渐变得不显著。在引入相对收入变量后，绝对收入变量的显著性程度显著下降，甚至可能变得不显著。这一分歧可能源于研究设计和模型设置的不同。当前研究的结果强调了在解释变量和模型复杂性方面的潜在影响，因此进一步的研究可能需要深入探讨这些差异并提供更全面的解释。

① 官皓. 收入对幸福感的影响研究：绝对水平和相对地位[J]. 南开经济研究，2010(5)：56-70.

　　在对数据处理进行详细分析后，发现官皓在文中将婚姻状况仅粗略地分为"结过"和"没有"两种状况，孩子的处理也只考虑了"有"和"没有"，而未考虑多子女家庭的情况。此外，选择的样本数据年龄偏大，平均年龄为 47.75 岁，结婚比率高达 88.4%。这种对婚姻状况的简化处理可能在一定程度上影响了研究结果。值得特别注意的是，在官皓的研究中，婚姻状况对居民生活满意度的影响未显著，同时这也可能对其他变量（如绝对收入变量）的显著性和符号产生一定影响。当然，如果不对婚姻状况进行排序处理，同样可以得到相似的结果。因此，在序数 Probit 模型中，解释变量是否进行排序处理以及是否与被解释变量的切割点相同可能对估计效果产生较大影响。

　　从横截面数据的观察来看，居民的收入水平依然是对经济福利产生重要影响的因素。然而，值得注意的是，与绝对收入相比，相对收入的相关变量在参数估计方面更为显著，在 1% 的显著性水平表现出显著性。进一步研究相对收入对居民福利的影响，模型 2、3、5、6 的实证结果显示，即使在引入控制变量和绝对收入变量的情况下，相对收入变量的参数估计仍然保持着显著的正向效应。因此，无论是收入的绝对水平还是相对水平，都在提高经济福利方面发挥着重要作用，相对于绝对收入而言，相对收入变量的显著性更为突出。这可能反映了居民在报告其真实收入时存在一定的不透明性，比如城市居民可能隐瞒了相当数量的非正式经济收入，而农村居民可能未充分反映市场经济之外的收入成分（比如自给自足）。当然，相对收入变量更为显著也验证了收入差异效应的存在，即羡慕、嫉妒和恨等心理因素对经济福利产生着一定的影响。这些发现强调了在制定经济政策和社会福利措施时，需要综合考虑居民的相对收入水平。

(二)消费对经济福利的影响

　　基数效用论者认为，消费商品带来的效用是可以计量的，提升居民效用或福利的商品消费可以表达为消费者通过商品消费而获得的满足感。这一理论观点强调了商品消费对居民生活满意度的直接影响。在这种框架下，人们通过购买和商品消费来满足各种需求，从而提高整体生活质量和幸福感。这包括基本生活需求，如食品、住房和医疗；以及更为抽象的需求，如社交活动、娱乐和文化体验。消费者的商品选择和购买行为被视为一种积极的生活方式，可以通过消费来满足各种需求。因此，提升居民效用或福利的途径之一是通过鼓励合理的商品消费，满足个体多样化的需求，从而间接提高其生活满意度。具体公式可以表示为：

$$\max U_i = \mu(m_1,\ m_2,\ m_3,\ \cdots,\ m_i) \tag{5-2}$$

其中，m_1，m_2，$\cdots$，m_i 是为能够给经济主体带来效用的商品数量。作为理性的经济决策者，个人偏好在经济活动中扮演着至关重要的角色。通常情况下，理性的经济主体会避免选择会带来负面效应的商品，即不良品。即使在必须进行某些消费的情况下，他们也往往会追求通过同时消费更多优质商品，以确保整体效用不受损害。在一个经济增长与环境污染同步增加的时代，人们可能无法感受到福利的实质提升，甚至可能感受到福利的减少。这是因为理性的经济决策者需要采取相应的措施来应对不利影响，比如购买防污染口罩、进行医疗保健等。

1. 指标选取

在消费对经济福利影响的测度里，本书引入了如下变量：家庭收入（fic）、房贷（hdt）、是否拥有车（car）、户籍（hre）、对政府的满意度（ave）、年龄（age）、家庭成员间关系（frl）、健康状况（hth）、教育水平（edu）、社会地位（s_s）、对未来的信心（con）等。

2. 变量描述性统计

根据上述数据，可以观察到家庭年收入（变量 fin）的统计指标（见表 5.4）。具体而言，该变量的均值为 9.97 万元，中位数为 7 万元，最大值为 198 万元。这些数字揭示了中国家庭年收入的一些特征，尤其是在贫富分配方面。首先，均值为 9.97 万元表明，整体而言，家庭年收入的平均水平较高。然而，中位数仅为 7 万元，相对于均值而言较低，这表明存在一部分家庭年收入较高，从而拉高了均值。这可能暗示着一部分人群的收入水平远高于大多数人。其次，最大值为 198 万元凸显了极端高收入的存在，这也意味着一些家庭拥有相当巨大的财富。这样的贫富差距表明社会经济结构存在一定的不均衡，迫切需要关注和调整，以确保财富更加平等地分布。

表 5.4　　　　　　　　　　　　　主要变量定义及统计结果

变量	定　　义	均值	中位数	标准差	最小值	最大值
iwb	对自己生活满意度（数字 1~5 表示从不满意到非常满意的 5 个层次）	3.18	4.00	1.82	0.00	5.00
fic	家庭年收入（万元）	9.97	7.00	13.57	0.00	198.00

续表

变量	定　义	均值	中位数	标准差	最小值	最大值
exp	家庭总支出	7.90	5.68	8.41	0.10	94.21
hdt	房贷(万元)	5.61	0.00	22.93	0.00	420.00
car	是否有车(1表示有,5表示无)	3.59	5.00	0.79	1.00	5.00
hre	户籍(1表示城镇,2表示农村)	1.51	2.00	0.50	1.00	2.00
ave	对政府工作平均评价(从1"很大成绩"到5"比之前更糟了"5种程度)	2.31	2.00	0.83	1.00	5.00
age	年龄(岁)	44.26	44.00	19.47	9.00	104.00
frl	家庭成员间的亲密程度	6.67	7.00	1.90	1.00	10.00
hth	健康状况(数字1~5表示为非常健康到不健康的5个层次)	2.89	3.00	1.23	0.00	5.00
edu	最高学历(其中数值0表示文盲/半文盲,数值3~9表示从小学到博士,数值10表示从未上过学)	2.03	0.00	2.54	0.00	10.00
s_s	您的地位(数字1~5表示从很低到很高的5个层次)	2.42	3.00	1.56	0.00	5.00
con	对自己未来信心程度(数字1~5表示从没有信心到很有信心的5个层次)	3.29	4.00	1.87	0.00	5.00

数据来源:根据CFPS2020家庭跟踪调查数据整理而得。

关于家庭总支出(exp)和房贷(变量hdt)的统计指标。根据上表可知,家庭总支出的均值为7.90万元,中位数为5.68万元。通过将这些数值与家庭年收入进行对比,可以初步推断出一些家庭可能存在适度的盈余。这可能意味着一部分家庭在经济层面相对宽裕,能够维持支出略低于总收入的状态。此外,房贷变量的均值为5.61万元,这说明整体上,人们在购房过程中存在一定的贷款需求。房贷变量的中位数为0万元,这表明一部分人群并没有承担房贷,可能是因为购房时选择全款支付或者并未购房。这可能反映了我国购房方式的多样性,以及一些人群在购房时选择避免贷款的情况。房贷变量的最大值为420万元,这也说明一些人的房贷金额相当高,这可能是由于购房价格较高或者贷款期限较长。这也提醒我们在考虑房贷问题时,需要关注高额房贷可能带来的财务风险。

关于户籍(hre)数据，大多数人仍然是农村户籍，这表明我国的城市化进程尚未完全完成。城市化是一个多方面的过程，包括人口流动、经济发展等因素。尽管城市化取得了一定的进展，但仍有很多人保持农村户籍，这可能与一些社会、经济和政策因素有关。

在变量 car 中，5 表示无车，1 表示有车的家庭。结果显示，该变量的中位数为 5。这暗示着在这个家庭样本中，中位数对应的是"无车"的状态，即处于家庭拥有车辆的中间位置的家庭选择了"无车"。这样的趋势可能反映了多种因素，包括地区的交通便利性、经济状况、城市化水平等。在城市化程度较高或者交通便利的地区，家庭可能更倾向于不拥有车辆，而选择使用公共交通或其他出行方式。

在变量 ave(对政府工作平均评价)中，以 1 表示"很大成绩"到 5 表示"比之前更糟了"共有 5 种程度。相关统计结果表明该变量的中位数为 2.31，均值为 2，方差为 0.83。这表明，大多数人对政府工作的评价整体上倾向于较为正面，且整体评价相对一致。首先，中位数 2.31 介于 1 和 5 之间，表明处于评价中间位置的人更倾向于认为政府工作有一定的成绩，整体上对政府工作持积极态度，认为政府在某些方面取得了成绩。其次，均值为 2 说明整体平均评价是正面的，即对政府工作的普遍评价较为正面。这可能反映了大多数人对政府在履行职责方面的整体满意度。另外，方差为 0.83 表示在评价中存在一定的差异，即有一部分人对政府工作的评价相对较高，而另一部分人评价较低。然而方差值相对较小，说明整体评价的分布相对集中，大多数人的评价相对一致，整体评价趋于稳定。

3. 相关性检验

从表 5.5 可以得出如下结论：收入与房贷的相关性为 0.28，与户籍的相关性为-0.24。这些数据反映了一个有趣的趋势，即城镇地区的居民往往具有更高的收入水平。首先，收入与房贷呈现正相关，相关系数为 0.28，这表明收入较高的个体更有可能购置房产或需要支付更高额的房贷。这可能反映了在城镇地区房价相对较高，居民为了购房可能需要较大的收入支持。其次，收入与户籍的相关系数为-0.24，表明城镇地区的居民收入普遍较高。这可能是因为城镇地区通常提供更多的就业机会和更高的工资水平，吸引了更多人迁往城市寻求更好的经济机会。与此同时，相关系数为负值也反映了农村地区的居民相对较低的收入水平。

表 5.5 计量模型中主要变量的相关系数

	iwb	fic	exp	hdt	car	hre	ave	age	frl	hth	edu	s_s	con
iwb	1.00												
fic	0.08	1.00											
exp	0.09	0.50	1.00										
hdt	0.08	0.28	0.59	1.00									
car	-0.07	-0.34	-0.41	-0.20	1.00								
hre	-0.07	-0.24	-0.23	-0.16	0.15	1.00							
ave	-0.05	-0.02	-0.03	-0.04	-0.01	-0.01	1.00						
age	-0.02	-0.05	0.01	-0.02	0.00	0.03	0.00	1.00					
frl	0.03	0.01	-0.01	0.04	-0.05	-0.02	-0.03	-0.02	1.00				
hth	-0.02	-0.01	-0.04	-0.07	0.00	0.02	-0.01	0.42	0.05	1.00			
edu	-0.01	0.02	0.06	0.05	0.01	-0.06	-0.02	-0.59	0.02	-0.21	1.00		
s_s	0.02	0.00	0.06	0.09	-0.01	-0.09	-0.04	0.07	0.02	-0.08	0.23	1.00	
con	0.03	0.01	0.01	0.12	-0.03	-0.12	-0.12	0.02	0.01	-0.12	0.31	0.83	1.00

数据来源：根据 CFPS2020 家庭跟踪调查数据整理而得。

家庭总支出与房贷呈正相关，相关系数为 0.59。这表明随着家庭总支出的增加，房贷支出也相应上升。这种正相关关系强调了家庭在增加总支出的同时，可能面临对房屋购置或贷款的更高需求。这可能反映了在提高生活水平和实现住房改善方面，房贷支出在家庭支出结构中所占比例的显著性。

家庭总支出与是否有车呈负相关，相关系数为-0.41。这表明随着家庭总支出的增加，拥有汽车的可能性也相应提高。这一正相关关系揭示了在家庭经济中，随着可支配收入的增加，家庭更有可能投入到汽车购置和维护方面。

家庭总支出与户籍呈负相关，相关系数为-0.23。这表明越是城市户籍的家庭，其家庭总支出趋向越高。这一正相关关系反映了城市家庭在支出方面相对较高的可能性。在城市生活中，通常伴随着更高生活成本、更多元化服务和消费选择，以及更复杂的社会活动。因此，城市家庭可能更倾向于在教育、医疗、文化娱乐等方面进行更多的支出，推动了总支出的上升，这也可能与城市生活的节奏较快、社会竞争较激烈等因素有关，家庭更愿意投入各个方面以提升生活质量。

教育水平与社会地位以及对未来的信心之间存在一定的相关性，相关系数分别为 0.23 和 0.31。这暗示着个体的受教育水平可能与其在社会中的地位和对未来的信心存在某种程度的关联。首先，教育水平与社会地位正相关相关系数为 0.23，表明受教育水平较高的个体更可能在社会中享有更高地位。这可能是因为受过良好教育的个体通常具备更多的专业技能和知识，更容易获得更高层次的职业和社会认可，从而提升其社会地位。其次，教育水平与对未来的信心的正相关性为 0.31，这意味着受过较高教育的人更可能对未来持乐观态度。可以理解为，教育不仅提供了更多的职业机会，还培养了个体更好的问题解决能力和适应未来挑战的信心，因此他们更倾向于对未来充满信心。

社会地位与对未来的信心之间呈现出强正相关，相关性系数为 0.83。这明示着个体的社会地位较高的人群更倾向于对未来充满信心。这种强正相关可能反映了社会地位对个体心理和情感状态的重要影响。在社会地位较高的群体中，个体往往享有更多的资源和机会，拥有更多的社会支持和经济保障，这可能增强了他们对未来的信心感。相反，社会地位较低的个体可能面临更多的经济压力和社会挑战，因而对未来可能抱有较为保守的态度。

4. 计量结果及分析

鉴于消费变量与福利之间存在高度相关性，因而在表 5.6 的实证模型 1 至模型 4 中独立讨论消费对福利的影响，模型 5 则独立考虑了各主体消费的差异对福利的影响，而模型 6 同时综合考虑了消费和消费差异对福利的影响。此外，为了更全面地考虑经济地位，本小节还使用社会地位变量作为经济地位的代理变量，实证结果详见表 5.6。

表 5.6　　**2020 年总样本的有序 probit 估计结果（因变量为 iwb）**

变量	模型 1	模型 2	模型 3	模型 4	模型 5	模型 6
lnfic	0.46 *** (8.43)					
ln_exp	0.62 *** (2.83)	0.10 ** (1.86)	0.06 *** (2.88)	0.07 ** (1.90)		0.01 (0.45)
Ln_hdt						0.34 (0.83)
car			0.29 *** (3.24)	0.74 *** (3.32)		
hre						0.03 (0.32)
ave						0.06 (1.17)
age	0.03 *** (12.74)	0.02 *** (12.71)	0.03 *** (8.33)	0.02 *** (8.17)	0.02 *** (8.35)	0.02 *** (8.54)
frl					0.05 ** (3.22)	0.05 ** (2.46)
hth	0.17 *** (7.89)	0.25 *** (5.27)	0.14 *** (3.72)	0.12 *** (4.53)	0.21 *** (8.68)	0.23 *** (8.90)
edu	0.07 *** (3.85)	0.02 *** (4.13)	0.01 ** (2.21)	0.04 (0.98)	0.00 (0.01)	0.02 * (1.69)
s_s		0.60 *** (13.01)	0.57 *** (11.48)	0.61 *** (11.53)		0.53 *** (3.28)
con		0.74 *** (20.10)	0.71 *** (17.37)	0.66 *** (17.23)		0.73 *** (8.14)
LR statistics	181.21	1132.54	949.46	889.58	187.47	874.27
McFadden R2	0.03	0.21	0.20	0.19	0.03	0.20

注：括号中数字表示 z 值。* 表示 p 值小于 0.10，** 表示 p 值小于 0.05，*** 表示 p 值小于 0.01。

在对模型 1 至 4 进行考察后，发现扣除医疗保健后的消费支出对家庭福利有显著的正向提升作用。这种改进可能与减弱了消费支出与健康状况之间的相关程度有关，与之前考察收入时的结果一致。

鉴于消费与消费差异之间存在紧密的相关关系，在模型 5 中选择不包括消费支出变量。通过对消费差异的一次项和二次项进行检验，发现福利与消费差异之间呈现出一种"倒 U 形"关系，这与对收入差异的研究结果相一致。这种关系的存在表明，在一定范围内，适度的消费差异可能有益于福利，但过大或过小的差异可能导致福利水平下降。这进一步强调了在分析家庭福利时，需要综合考虑收入和消费之间的动态平衡，以更全面地理解其对福利的影响。

在对模型 6 考察后，可以观察到消费支出（ln_exp）和房贷支出（ln_hdt）对福利的影响并不明显。这可能是由于消费和消费差异之间存在高度的相关性，使得模型中的这两个变量在解释福利变异时失去了显著性。这种高度的相关性可能反映了家庭在提高福利水平时所面临的权衡，即在满足基本生活需求的同时，对于额外的消费或房贷支出的需求较小，或者两者之间存在某种平衡。

(三) 小结

本节的实证分析是基于中国家庭动态调查（CFPS）2020 年的数据，深入实证检验了收入、消费及其差异对经济福利的影响。从估计结果中可以得出，提高居民收入和促进居民消费对整体经济福祉具有积极的影响。

首先，发现增加居民收入对经济福利有正向效应，因此强调收入水平提升对个体和整体社会福祉的重要性。这表明，增加家庭可支配收入不仅可以提高生活质量，同时也可以更广泛的为社会经济活动注入动力。因为高收入水平有望创造更多就业机会、推动创新和提高生产力，从而可促进全社会的共同繁荣。

其次，注意到增加居民消费不仅对个体经济福利产生积极效应，而且强调了消费在整体经济中的重要作用。个体更多的消费不仅改善了其生活水平，还直接刺激了市场需求，进而推动了企业的生产和服务提供。这种积极的循环效应为经济的可持续增长提供了有力支持。

值得强调的是，本章对收入差异和消费差异对经济福利的影响进行了深入分析。尽管具体的差异性分析结果并不尽如人意，但研究结果表明，这两个因素在一定程度上也对经济福利的表现产生了影响。这可能反映了个体在面对不同收入和消费水平时，对经济福利的感知和评价存在一定的主观差异。

二、中国经济福利的测度：1998—2020 年

通过对 1998 至 2020 年中国经济福利的深入研究发现，尽管此阶段我国经济福利增速相对缓慢，且社会各阶层之间的福利差距逐渐扩大，但随着中国经济高速增长，经济福利呈现逐步增加的趋势。在这一过程中，自然不可再生能源资源的损耗和不断扩大的收入分配差距限制了经济福利的增长。此外，净资本的增加对经济福利的提升起到了一定作用，然而，由于不同类型资本之间的不可替代性，这种单一资本的增加实际上表现出相对较弱的可持续性。这一研究进一步强调了在经济增长的过程中关注可持续性发展的重要性。为了实现更为稳健和长期的经济福利增长，必须制定全面的政策，调整资源配置，推动绿色发展，以及加强社会公平，缩小福利差距。在此过程中，政府、企业和社会各界的共同努力显得尤为关键，以确保可持续经济福利的实现，使社会各阶层共享经济发展的红利。

（一）指标选取及数据

结合第三至第四章分析，考虑到数据的可获得性，本书构建了影响我国可持续经济福利的影响因子、方法和数据，详见表 5.7 所示。所有年度的数据均采用当年的价格，为了在进行纵向比较时排除价格因素的影响，私人家庭支出中的各项项目，均使用当年的消费物价指数进行调整。此外，每年消耗的不可再生能源资源包括煤炭、石油和天然气，折合为标准煤，然后按照 1978 年煤的不变价格进行计算。

为了更好地说明各个因子对经济福利的影响，以及对总体福利所做的贡献，以下以 2020 年为例，详细说明各因子的计算方法。2020 年的名义 GDP 为 1015986 亿元，人均 GDP 为 71828.15 元；实际 GDP 为 910235.6 亿元，人均实际 GDP 为 65025.93 元。以当年计算的居民总消费水平为 387186 亿元，占 GDP 的 38.11%，详见表 5.7 所示。

如表所示，本书构建的中国经济福利指标吸纳了可持续经济福利体系 ISEW 的核心理念，即在实际的国内生产总值中减去环境污染和资源消耗所导致的损失。

表 5.7　　　　1998—2020 年中国经济福利的影响因素及数据来源

	项目	方法	数据来源	影响方向
当前经济福利	居民消费	居民消费支出	SNA：统计年鉴	
	收入差距指数	基尼系数指数	已有研究成果	
	加权消费	居民消费支出/基尼系数指数		正
	耐用品消费	15 年之前采用家庭设备、用品及服务类支出；15 年之后采用人均生活用品及服务支出	SNA：统计年鉴	负
	耐用品服务收益	1978—1999：耐用品消费 * 70%；2000—2020：耐用品消费 * 70%	参照张伟①	正
	住房支出	居住	SNA：统计年鉴	负
	服务—家庭劳动	机会成本法	中国妇女状况调查报告	正
	科教文卫	财政支出	SNA：统计年鉴	正
	交通、仓储与邮电	财政支出	SNA：统计年鉴	正
	通勤费用	交通通信费 * 0.8	SNA：统计年鉴	负
	社会公平因素	GDP 的 1%	SNA：统计年鉴	负
可持续福利	噪声污染成本	GDP 的 0.5%		负
	水污染成本	环境治理投资	SNA：统计年鉴	负
	空气污染成本			负
	自然能源资源损耗	自然能源资源损耗价值	SNA：统计年鉴	负
	净资本增长	参照刘涛雄②等		正

　　项目：服务—家庭劳动。由于家庭劳动时间的数据较难获取，本书因此根据 2020 年联合国妇女署发布的《中国的照料劳动：发展现状、价值估算及疫情影响》报告，将家庭劳动时间划分成三个阶段：1998—2008 年的家庭劳动时间为 922.2 小时/年；2009—2017 年的家庭劳动时间为 963.9 小时/年；2018 年

---

① 张伟. 经济福利测度：理论分析与中国经验研究[D]. 武汉：华中科技大学，2010.
② 刘涛雄，戎珂，张亚迪. 数据资本估算及对中国经济增长的贡献——基于数据价值链的视角[J]. 中国社会科学，2023(10)：44-64.

之后的家庭劳动时间为 1005.6 小时/年。平均工资数据来自国家统计局数据库，通过计算各年城镇私营单位就业人员的平均工资获得。工作时间，根据 2008 年劳动和社会保障部下发的文件《关于职工全年月平均工作时间和工资折算问题的通知》(劳动和社会保障部令[2008]3 号)规定，每月计入薪酬的天数为 21.75 天，每天计入薪酬的小时数为 8 小时，即每年的工作时长为 2088 个小时，因而每小时平均工资=年平均工资/2088 小时，详见表 5.8 所示。

表5.8　　　　　1998—2020 年中国家庭—服务劳动的数据

年份	工资率 （元/小时）	工作时长 （小时/年）	15 岁以上人口 （亿人）	家庭-服务劳动 （亿元）
1998	3.58	922.2	9.2697	30603.69
1999	4.00	922.2	9.3836	34614.22
2000	4.47	922.2	9.7731	40287.01
2001	5.19	922.2	9.8911	47340.96
2002	5.93	922.2	9.9679	54510.92
2003	6.69	922.2	10.0668	62107.30
2004	7.62	922.2	10.2041	71705.88
2005	8.72	922.2	10.4252	83835.12
2006	9.99	922.2	10.5487	97182.83
2007	11.84	922.2	10.6469	116251.88
2008	13.84	922.2	10.7636	137378.50
2009	15.44	963.9	10.8791	161909.47
2010	12.71	963.9	11.1832	137007.27
2011	20.02	963.9	11.2655	217393.49
2012	22.40	963.9	11.3495	245051.14
2013	24.66	963.9	11.4303	271695.65
2014	26.99	963.9	11.4934	299008.40
2015	29.71	963.9	11.5502	330768.49
2016	32.36	963.9	11.5980	361762.54
2017	35.59	963.9	11.6489	399617.86

年份	工资率 （元/小时）	工作时长 （小时/年）	15 岁以上人口 （亿人）	家庭-服务劳动 （亿元）
2018	39.47	963.9	11.6789	444325.30
2019	43.34	1005.6	11.7319	511307.93
2020	46.64	1005.6	11.5935	543748.88

项目：行政管理费。2006 年之前，我国的财政支出科目设置遵循了政府替代市场配置资源的思路。自 2007 年开始，进行了全面的改革，不再按照资金性质对财政支出进行分类。这一改革使得在支出科目上，不再强调政府为企业分配资源，而更加强调政府履行公共服务等职能。因此，2007 年之后，在我国的统计年鉴中已经没有单列行政管理费，而是改设为一般公共服务、外交、公共安全等几类。因此，2007 年至 2020 年，该项目的数据采用一般公共服务、外交、公共安全等相关支出的总和。

项目：社会公平因素。改革开放 40 多年来，我国在经济增长方面取得了巨大的成就，然而，这一过程也伴随着寻租现象的增加。据清华大学教授胡鞍钢①估计，腐败每年造成 1 万亿元的损失，其中税收流失占比例最大。政府收入的减少必然会导致对教育和健康领域的投入减少。这种趋势可能对社会公共服务产生负面影响，影响国家整体发展和社会的可持续繁荣。由于寻租行为极其隐蔽，数据较难获取。这一现象对社会公平产生负面影响，特别是在资源分配和公共服务方面，可能导致不公平现象的加剧。故而，本书根据李兴裕②的观点，将每年 GDP 的 1%作为寻租行为的直接成本。

项目：水污染成本和空气污染成本。根据国际研究，环境污染治理投资占 GDP 1%~1.5%的比例基本上可以有效遏制环境污染的恶化趋势。当这一比例提高至 2%~3%时，有望逐渐改善环境质量。一般情况下，环境治理投资至少应维持在 GDP 的 1%~2%的水平③。然而，我国近十年来污染治理投资普遍维持在 1%的 GDP 水平，整体偏低。在污染对环境造成的损失方面，2004—2007

---

① 胡鞍钢. 中国：挑战腐败[M]. 杭州：浙江人民出版社，2001.

② 李兴裕. 寻租活动损害经济[N]. 南洋商报，2023-08-14.

③ 张坤民，孙荣庆. 中国环境污染治理投资现状与发展趋势分析[J]. 中国环境科学，1999(2)：97-101.

年的环境污染损失占 GDP 的比例达到了 3% 左右，而环境污染经济损失的绝对数额仍在逐年攀升，表明全国环境污染的恶化趋势尚未得到根本遏制①。这一状况可能与地方政府在完成中央政府增长目标和进行政绩竞赛的同时，对污染治理投资的低调态度有关，因此导致这些数据相对较难准确获取。在无法获得完整的环境污染对经济福利带来损失的数据时，采用环境污染治理投资作为环境污染损失的代表是一种相对较为合理的选择，但可能会低估实际情况。

(二)实证检验及说明

根据上述说明，1998—2020 年我国可持续经济福利的主要数据如表 5.9 所示。

表 5.9　　　　　1998—2020 年我国可持续经济福利的主要数据

年份	居民消费（亿元）	基尼系数	加权消费（亿元）	家庭-服务劳动（亿元）	耐用消费（亿元）	耐用品服务收益（亿元）	住房支出（亿元）
1998	38768	0.40	969.2	30603.69	356.83	249.781	3751.02
1999	41846	0.40	1046.15	34614.22	395.48	276.836	4141.34
2000	46863	0.42	1115.79	40287.01	439.29	351.432	5226.48
2001	50465	0.49	1029.9	47340.96	438.92	351.136	5616.12
2002	54667	0.45	1214.82	54510.92	388.68	310.944	6679.27
2003	58690	0.48	1222.71	62107.3	410.34	328.272	7759.73
2004	65725	0.49	1341.33	71705.88	407.37	325.896	8712.58
2005	74154	0.49	1513.35	83835.12	446.52	357.216	10304.5
2006	82842	0.49	1690.65	97182.83	498.48	398.784	12823.99
2007	98231	0.48	2046.48	116251.88	601.8	481.44	15533.71
2008	112655	0.49	2299.08	137378.5	691.83	553.464	19380.4
2009	123122	0.49	2512.69	161909.47	786.94	629.552	22566.6
2010	141465	0.48	2947.19	137007.27	908.01	726.408	25680.43

① 周国梅，周军. 绿色国民经济核算国际经验[M]. 北京：中国环境科学出版社，2009：V.

续表

年份	居民消费（亿元）	基尼系数	加权消费（亿元）	家庭-服务劳动（亿元）	耐用消费（亿元）	耐用品服务收益（亿元）	住房支出（亿元）
2011	170391	0.48	3549.81	217393.49	1023.17	818.536	29301.78
2012	190585	0.48	3970.52	245051.14	1116.1	892.88	33506.22
2013	212477	0.47	4520.79	271695.65	1215.1	972.08	40550.74
2014	236238	0.47	5026.34	299008.4	1233.2	986.56	43968.73
2015	260202	0.46	5656.57	330768.49	1306.5	1045.2	46952.6
2016	288668	0.47	6141.87	361762.54	1433.23	1146.584	51728.84
2017	320690	0.47	6823.19	399617.86	1539.29	1231.432	57267.65
2018	354124	0.47	7534.55	444325.3	1679.36	1343.488	64899.69
2019	387188	0.47	8238.04	511307.93	1759.97	1407.976	70961.82
2020	387186	0.47	8238	543748.88	1730.05	1384.04	72999.78

年份	交通、仓储与邮电（亿元）	教科文卫（亿元）	通勤费用（亿元）	社会公平因素（亿元）	噪声污染成本（亿元）	环境投资（亿元）	自然能源资源损耗（亿元）
1998	4661.5	2154.38	1065.436548	838.18	419.09	725.86	1961.05
1999	5175.9	2408.06	1285.671047	893.67	446.83	914.71	2024.19
2000	6161.9	2736.88	2105.56002	990.66	495.33	1061.6	2116.28
2001	6871.3	3361.02	2376.823164	1092.76	546.38	1261.03	2239.88
2002	7494.3	3979.08	3193.883947	1204.8	602.4	1371.79	2441.91
2003	7914.8	4505.51	3872.180116	1365.76	682.88	1629.87	2838
2004	9306.5	5143.65	4653.603267	1614.15	807.08	1902.55	3316.05
2005	10668.8	6104.18	5664.888547	1859.99	929.99	2404.19	3763.71
2006	12186.3	7425.98	6699.880033	2190.29	1095.14	2639.04	4125.12
2007	14605.1	11793.96	8052.169337	2707.04	1353.52	3615.02	4484.76
2008	16367.6	14992.2	8615.881693	3212.3	1606.15	4679.28	4616.8
2009	16522.4	18569.32	10132.37463	3479.35	1739.67	4534.01	4840.21
2010	18783.6	22147.08	12041.03176	4103.54	2051.77	6665.11	5193.33

续表

年份	交通、仓储与邮电（亿元）	教科文卫（亿元）	通勤费用（亿元）	社会公平因素（亿元）	噪声污染成本（亿元）	环境投资（亿元）	自然能源资源损耗（亿元）
2011	21842.0	28648.22	13420.98928	4833.93	2416.96	6573.05	5573.42
2012	23763.2	35208.19	15683.07317	5373.29	2686.65	8253.6	5790.79
2013	26042.7	37910.35	17599.4801	5881.41	2940.71	9037.2	6003.55
2014	28534.4	41224.48	20537.97056	6443.8	3221.9	9575.5	6168.01
2015	30519.5	47164.27	22928.36175	6855.71	3427.86	8806.3	6251.23
2016	33028.7	50958.68	25828.51542	7426.94	3713.47	9219.8	6357.48
2017	37121.9	55262.72	27876.67209	8309.46	4154.73	9539	6563.91
2018	40337.2	59657.53	29887.09815	9152.44	4576.22	8987.6	6795.72
2019	40582.9	64566.93	32141.28182	9837.51	4918.76	9151.9	7019.83
2020	42466.3	69292.5	30930.07	10054.51	5027.26	10638.9	7171.2

据此，可测算出 1998—2020 年各年度的可持续经济福利。以 2020 年为例，结果详见表 5.10 所示。

表 5.10　　　　　　　　**2020 年中国可持续经济福利的主要数据**

项目名称	数据	影响程度%
居民消费(亿元)	387186	
收入差距指数	0.47	
收入差距减少项(亿元)	181976.95	−27.90
加权消费(亿元)	181977.42	27.90
耐用品消费(亿元)	1730.05	−0.27
耐用品服务收益(亿元)	1384.04	0.21
住房支出(亿元)	72999.78	−11.19
家庭劳动(亿元)	543748.88	83.37
科教文卫(亿元)	69292.5	10.62
交通、仓储与邮电(亿元)	42466.3	6.51

续表

项 目 名 称	数 据	影响程度%
通勤费用(亿元)	29887.1	-4.58
社会公平因素(亿元)	10054.51	-1.54
当期经济福利	542220.75	84.14
噪声污染成本(亿元)	5027.26	-0.77
水污染成本(亿元)	10638.9	-1.63
空气污染成本(亿元)		
自然能源资源损耗(亿元)	7171.2	-1.10
净资本增长(亿元)	132828.84	20.37
可持续经济福利	652212.23	100

　　基于表 5.10 的核算结果可以观察到，2020 年经济福利的减少项目主要包括：减小收入差距、增加耐用品消费、住房支出、通勤费用、贪腐等损害社会公平的行为、减少自然资源的耗用以及缓解环境污染等。值得注意的是，在这些减少项目中，收入差距的缩小和住房支出的增加在 2020 年可持续经济福利中所占比重均超过 10%。与此同时，2020 年经济福利的增项涵盖多个领域，包括：加权消费、耐用品服务收益、家庭劳动、科教文卫、交通、仓储与邮电以及净资本增长。这些增长项目对经济福利的提升产生了显著的积极作用。总体而言，2020 年可持续经济福利的总额达到 652212.23 亿元，占当年 GDP 的 64.87%。这一数据反映了社会在经济活动中获得的总体福祉水平，以及在经济发展中关注社会公平和环境可持续性方面所做的不懈努力。

　　依据图 5.1，自 1998 年至 2020 年，我国的名义 GDP、实际 GDP 和可持续经济福利之间存在一定的差距，不过这一差距相对较小，且表现出同步增长趋势。在 1998 年至 2000 年期间，实际 GDP 与可持续经济福利增长基本保持一致，但自 2001 年至 2010 年，两者逐渐开始拉开距离。实际 GDP 从 108639.2 亿元增长至 320102.6 亿元，增长了 294.65%，而可持续经济福利则从 2001 年的 59347.16 亿元增长至 2010 年的 160174 亿元，增长了 269.89%，增长率相对实际 GDP 略低了 25%。在 2012 年至 2015 年和 2016 年至 2020 年的两个阶段，这一差距进一步扩大。这可能反映出在这一时期内，经济增长虽然迅猛，但并未充分考虑到社会公平和环境可持续性等方面的因素。这种趋势的演变需要引起重视，以确保未来经济的增长能够更全面、更可持续地满足社会的需

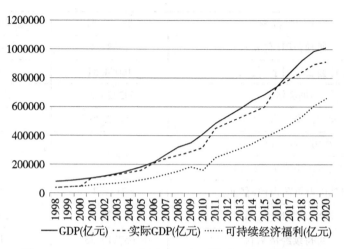

图 5.1　1998—2020 年中国 GDP 与可持续经济福利的趋势

求。综合而言，对比名义 GDP、实际 GDP 和可持续经济福利的演变趋势，可以看出在经济发展中，社会可持续性的考虑逐渐变得更为关键。为了实现长期繁荣，必须在经济增长和社会公平、环境保护之间寻找更为平衡的路径。

(三) 小结

改革开放 40 年来，中国社会各阶层的消费行为和休闲方式都经历了翻天覆地的变化，与此同时，人们对环境的态度和重视也在逐步演进。这种演进不仅是一种心态的改变，更是对可持续经济福利的追求和认可。在消费行为方面，曾经以追求物质生活为主导的观念逐渐被注重品质、绿色和可持续性的理念所取代，人们更加注重产品的环保性、社会责任和生产过程中的可持续性。可再生能源、绿色产品成为消费市场的新宠，人们逐渐认识到自己的消费选择直接影响着环境的健康和未来世代的生活品质。在休闲方式方面，环保和文化体验成为各阶层追求的新时尚，户外活动、自然旅游、文化艺术等休闲方式逐渐成为主流，人们享受与自然和文化的亲密接触，更注重内心的愉悦和心灵的满足。这种转变不仅是对个体生活方式的调整，也是对社会整体环境保护的一种参与和贡献。对环境的态度和重视在社会层面引发了可持续发展的共鸣，政府、企业和公众共同努力，推动着绿色产业的发展和环保技术的创新。这种全社会的努力为可持续经济福利奠定了坚实的基础，为实现经济发展和环境保护的双赢局面提供强劲动力。

　　尽管本书致力于深入研究可持续经济福利，但研究过程中也暴露出一些明显的问题。其中，部分问题可以归因于研究方法的自然限制。例如，采用货币化的单一指标虽然直观地呈现了各种因素对综合影响的图景，但也存在可能掩盖某些因素的风险影响。此外，很多项目的研究需要依赖研究者的个人假设，因此容易受到主观因素的左右，比如对休闲和家务劳动价值的估算，以及时间机会成本、各类污染成本等的确定。值得注意的是，这些问题并非仅仅是方法层面的挑战，也涉及研究者在研究设计和数据收集阶段的主观选择。休闲和家务劳动的价值估算，以及时间的机会成本等因素，可能因个体差异而存在一定程度的主观性。

　　此外，由于我国统计方法的多次变更，导致很多统计指标并不具备连贯性，同一指标在不同年份的统计内容和口径存在较大差异，因此研究者需要进行主观调整。此外，由于各种原因，许多数据存在缺失的情况，比如排放量等，只能通过其他机构或文献进行估算。而对于湿地、森林等数据的估算也受到数据缺失的挑战。这些问题的存在不仅使得数据的可靠性受到一定程度的影响，也为研究结果的准确性带来了一定的不确定性。为了应对这些问题，未来的研究可以在数据采集和处理阶段更为谨慎，采用更为稳健的方法应对统计口径的不一致性，以提高研究结果的科学性和可信度。

第六章　结论与建议

一、结论

通过对福利思想的起源和发展历程的追溯，本研究深入探讨当前经济福利核算领域所面临的理论难题。结合理论探讨与实证分析，对影响经济福利的关键因素进行了深层次剖析。在可持续经济福利思想的指导下，采用数理分析方法有机地将这些关键因素纳入可持续经济福利状况的核算指标体系中。通过对中国经济福利指标 ISEW 在 1998 年至 2020 年的宏观数据进行核算，发现近年来经济增长与可持续经济福利之间存在一定的差距。这一发现引发了对提升经济福利的潜在途径进行深入思考。

具体来说，在第一、二、三章中，首先深入分析了经济福利核算的理论基础。第一章明确了福利核算的对象为经济福利，并明确其定义。第二章详细阐述了福利经济学和经济福利测度理论的历史演进。在福利经济学的发展历程中，追溯其源起与发展，揭示了福利经济学在理论框架和方法论上的演变过程。在经济福利测度理论方面，深入探讨了多种福利评价手段的缺陷，并强调了福利核算作为福利评价的可行手段的重要性。这一理论基础的建立为后续第三章对经济福利核算公式的提出以及对经济福利的核算与提升提供了坚实的理论支持。

在微观个体层面，透过对居民微观数据的实证研究，探讨主要影响经济福利的因素后发现，不论是从横向还是纵向的角度观察，扣除居民自付医疗费后的收入成为主导影响经济福利的要素。个体经济福利的提升受多方面因素影响，其中教育水平、社会地位以及对未来的信心是关键的促进因素。教育水平的提高通常伴随着更广阔的就业机会和更高的收入水平，为个体创造更为有利的经济环境。社会地位在一定程度上反映了个体在社会中的影响力和资源获取能力，从而对经济福利产生积极影响。同时，对未来的信心意味着个体更愿意迎接挑战和投资未来，这种积极心态也是经济福利提升的关键要素。然而，个体在追求经济福利的过程中也可能面临房贷的压力。随着房价的不断上涨，购房成为一项巨大的经济投入，房贷负担可能导致个体财务压力的增加，限制了可支配收入的使用。

此外，研究表明，居民间的收入差异对经济福利具有复杂的影响关系。观察到一个引人注目的现象——这种影响呈现出倒"U"形关系。这种倒"U"形关系的出现揭示了一个重要的现象，即在一定范围内，收入差异的扩大可能会带来一些积极的效应，但随着差异的进一步扩大，这些效应逐渐减弱，最终可能导致经济福利的下降。这种现象背后的运行机制复杂而多样，既包括个体层面的因素，也涉及整个社会结构的变迁。从个体层面来看，适度的收入差异可能激发人们的竞争动力和创造力，促使他们更加努力地追求事业成功。这一过程有助于激发经济活力，推动社会创新与进步。然而，当收入差异过大时，可能引发社会不满情绪，阻碍整体社会的协同发展，加剧社会分裂。因此，这种"倒 U 形"关系的存在提示我们，在制定经济政策时需要平衡考虑激发个体活力与维护社会和谐之间的关系。同时，在微观层面，这种关系的存在也引发了对整体社会结构的深刻思考。一方面，社会发展需要一定程度的经济激励，以促进创新和产业的繁荣。然而，另一方面，收入不平等的加剧可能导致资源分配不均，制约了整个社会的经济发展。因此，社会应当通过合理的制度和政策来平衡个体的经济激励与整体社会的公平发展，以维护经济福利的可持续提升。

在宏观层面，可持续经济福利在国家总产值（GDP）中的比重持续上升，这标志着社会经济发展正朝着更全面、可持续的方向转变。这一趋势的崛起反映了社会不仅关注短期经济增长，更注重人民群众的长期福祉。通过深入分析我国 1998—2020 年可持续福利经济的相关数据后发现，在 1998 年至 2000 年期间，实际国内生产总值（GDP）与可持续经济福利几乎同步增长，呈现出密切的关联。然而，从 2001 年至 2010 年，这两者逐渐开始呈现出明显的拉开距离；进入 2012 年至 2015 年和 2016 年至 2020 年的两个阶段，这一差距进一步扩大，引起了广泛的关注和反思。

这种分化趋势是多重因素共同作用下产生的，其中之一是收入分配差距的扩大。随着社会经济的发展，一些群体的收入水平增长较快，而另一些群体的收入增长相对缓慢，导致整体收入分配的不均衡。这种不平等的分配使得社会中的富裕和贫困群体之间的福利差距进一步拉大，这也直接反映在可持续经济福利的增长上。其次，自然能源资源的过度消耗可能也是拉开两者距离的重要原因。在经济高速增长的同时，对包括不可再生能源在内的能源需求也在迅猛增加。这导致了能源资源的不断枯竭，给可持续经济福利带来了威胁。最后，随着时间的推移，环境问题逐渐凸显，人们对于可持续发展的呼声日益高涨，从而使得环境因素成为制约经济福利发展的重要因素，环境污染成本的大幅增加可能也在推动这一趋势。经济活动的进行往往伴随着环境污染，而治理和修复环境所需的成本逐渐增加。这使得原本只考虑经济增长的传统经济模式逐渐显得不够全面。社会对于环境质量的关切逐渐超越了经济增长的追求，环境污染成本的考量成为制约经济福利发展的一项重要因素。

二、建议

(一)微观层面：多点发力，逐步提升个人经济福利

微观层面的经济福利是一个错综复杂、多元影响的系统，各种因素相互交织，塑造了每个个体在社会经济结构中的独特轨迹。为了全面提升个体的经济福利，需要从多个方面着手，其中包括但不限于优化教育体系、推动社会公平、合理制定房贷政策等。

首先，教育水平作为影响个体经济福利的核心因素之一，不仅关系到个体自身的发展，也是社会长远繁荣的基础。在知识经济时代，高质量的教育是培养创新人才和提高劳动者素质的关键。因此，为了提升个体的经济福利，应当加强对教育体系的投入和改革。这包括提高教育资源的均衡分配，确保每个人都能够获得公平的学习机会。同时，注重培养学生的创新意识、团队协作能力以及实际应用技能，以更好地适应日益变化的经济环境。

教育不仅仅是学校教育的学习，还包括树立终身学习的理念。因此，社会应该鼓励和支持成年人的继续教育，通过职业培训、在线学习等方式，不断提升职业技能，适应职场的不断变化。全方位的教育体系更有助于每个个体在职业生涯中找到更多的发展机会，从而提升其经济福利水平。

其次，社会地位对于个体的经济福利有着深远的影响。社会地位不仅仅反映在一个人在社会层级中的位置，更关系到他们在就业、薪酬、资源获取等方面的机会。为了提升个体的经济福利，社会应该努力消除各种形式的歧视和不平等，创造一个公正、公平的社会环境。

在职业领域，应该加强对职场歧视的打击，确保每个个体都有平等的就业机会和晋升机会。此外，建立健全的社会保障体系，包括医疗、养老、失业等多方面，可以有效减轻个体在面对生活变数时的负担，增强其安全感，提升经

济福利水平。

推动社会公平也需要着眼于资源的公平分配。资源包括但不限于财政支持、社会服务、文化资源等。政府和社会组织应该通过有效的政策和措施，确保资源的公正分配，让每个个体都有机会充分发展潜力。营造公平社会环境有助于打破贫富差距，为更多人创造经济独立和社会尊严的机会。

除了教育和社会地位外，房贷也是一个重要的经济福利因素。购房对于很多人来说是一项重要的财务决策，而房贷则直接关系到个体的财务状况。为了提升个体的经济福利，政府可以通过制定合理的房贷政策来降低购房的经济压力。这包括但不限于提供低息贷款、延长还款期限、支持租购同权等。此外，加强对房地产市场的监管，防范房价波动对个体经济的负面影响，也是至关重要的。在完善房地产政策的同时，政府还应注重发展公共住房项目，为那些经济困难的个体提供良好的居住条件。这有助于减轻个体的房贷压力，提高其生活质量，从而在更宽泛的层面上提升经济福利。

总体而言，提升个体的经济福利需要在教育、社会地位、房贷等多方面发力，通过优化教育体系、推动社会公平、制定合理房贷政策等手段，为每个个体创造更为有利的经济发展环境。这不仅有助于提高整体社会的经济水平，也能够增进个体的生活质量，实现经济福利的全面提升。在这个过程中，政府、社会组织以及每个个体都有着共同的责任和作用，致力于建设更加繁荣、公正的社会。

(二) 宏观层面：聚焦公平与可持续，以提高整体经济福祉

宏观层面的经济福利改善是一个综合性、长期性的任务，需要从以下多个方面着手，以确保整体社会的繁荣和人民生活水平的提高。

首先，亟须采取切实有效的措施促进收入分配的更加公平和合理。通过深入研究我国多年来的基尼系数数据，不难发现当前的收入不平等状况已经明显超越国际规定的警戒线，甚至远超其他国家或地区的水平。这种不平等的根本原因主要包括制度滞后、监管不足、公共资源寻租等问题。社会对于收入分配差距的担忧不断升温，对于公平的期望日益迫切。这种关切不仅仅局限于经济领域，更涉及社会的长期稳定和可持续发展。同时，寻租行为不仅加剧了社会的不公平感受，也阻碍了公共资源的合理分配，从而导致整个社会福祉水平无法有效提升。因此，为了减少收入分配差距，政府应采取更为有效的收入再分配措施，其中包括强化对低收入者的基本保障，并提高高收入者的税收负担。同时，政府还应推动更加公正的薪酬体系，鼓励企业建立合理的薪酬结构，以

确保员工的工作贡献能够得到公正的回报。透明的薪酬政策和激励机制将有助于激发员工的积极性，推动整体社会的经济福利提升。此外，政府还应强化对非法收入的监管力度，以及提高对违法经济活动的打击力度。

其次，优化社会保障体系，着力解决"老忧所养""病忧所医"等问题。第一是在养老领域，社会保障体系应当致力于建立可持续、全面的养老金制度。这包括在不同生命周期阶段明确参保人领取养老金的规定，建立养老保险基金自身的精算平衡机制，以确保长期稳定的资金供应。同时，应加强对个人账户的监管，明确资金的投资、携带和继承规则，以防止资金被滥用或流失。为促进养老基金的可持续发展，可探索多元化的投资渠道，提高资产管理的收益率。第二是在就业领域，社会保障体系需要更好地适应不断变化的就业市场，推动灵活就业形式的社会保障全覆盖，包括自由职业者、短期雇佣工等，以保障更多人的社会保障权益。第三是积极应对技术进步和产业结构调整对就业市场的冲击，通过职业培训和转岗服务，提高劳动力的适应性，帮助失业人员更好地融入新的就业环境。

第四，医疗领域也是社会保障的重要组成部分，建设完善的医疗保障体系、提高医疗服务的普及程度、优化医保制度、确保医疗费用的合理分担，是关键任务之一。为此，应通过加大对基层医疗机构的支持力度，提升基层医疗服务质量，降低医疗成本。同时，还应探索建立健康档案系统，推动信息化医疗，以提高医疗资源的利用效率。

再次，亟须加强环境和资源的保护机制，重塑对湿地、森林和农田等重要资源的全面保护。从经济福利的可持续发展角度来看，当前对可耗竭资源的过度开采是对后代子孙不负责任且不公平的表现。我国存在一定的天然湿地、森林、农田被侵占的问题，这直接威胁到生物多样性和整个生态系统的稳定。我国的耕地、湿地、森林资源相对于世界平均水平仍然明显不足，农田存量在几年前就已接近人均亩数的国际警戒线。尽管我国已颁布了严格的耕地和自然资源保护法规，但对于资源变动的监管机构和手段仍显不足。目前，基础数据仅依赖每隔几年进行一次大规模的人力物力普查。平时的动态监管难以形成有效的保障，从而导致大量非法填湖和耕地侵占行为屡禁不止。要解决这一问题，第一，需要加强监管力度，建立更为精准的资源监测体系。引入先进的遥感技术和地理信息系统，实现对资源利用的实时监测和评估，以及对非法侵占行为的及时发现和处置。第二，需要建立健全的法律体系，强化对违法行为的法律惩罚力度，提高违法成本，从而有效遏制资源侵占的行为。第三，需要加强公众教育，提升社会对生态环境保护的认知和重视程度。通过广泛开展宣传活动，增强公众的环保意识，促使社会成员自觉参与到生态环境保护中来，形成全社会共同维护生态平衡的良好氛围。第四，需要加强跨部门协同合作，形成合力，资源保护和环境治理需要多方共同努力，各级政府、环保部门、农业部门等需要密切协作，形成高效的资源保护机制。此外，需要建立公民组织与政府之间的合作桥梁，促进社会各界共同参与资源保护，实现全社会对自然资源的共同管理和保护。

最后，重视主观幸福感，构建符合我国国情的幸福指数，实现全体人民更好的生活，是党和国家一直不懈努力的目标。主观幸福感是人们对生活满意度和幸福感的直观表达，它涵盖了物质生活水平、精神文化需求、社会关系和环境舒适度等多个方面。因此，对主观幸福感的关注和评估，有助于更全面地了解人民的真实感受，为制定更贴近人民需求的政策提供科学依据。因此，在构建符合我国国情的幸福指数时，首先应深入挖掘和细化幸福指数的构建要素。除了经济、社会、环境等传统要素，还应加入更多反映当代社会发展和人们追求的新要素，如文化生活满意度、科技创新体验和公民参与感等。其次，应强调文化自信和精神富裕。文化是国家和民族的灵魂，因此在追求幸福的过程中，文化自信和精神层面的满足同样至关重要。因此，在构建幸福指数时，可以引入文化自信程度、精神生活充实度等指标，为人们提供更多元、更有内涵的幸福感。第三，应关注特殊群体的需求，如老年人、儿童、残障人士等。通过将特殊群体的关切纳入指数体系，可以更全面地了解他们的实际需求，从而制定更有针对性的政策，让他们在共建共享中同样感受到更好的生活。第四，政府应利用新技术手段，如大数据分析、人工智能等，精准地捕捉人们的主观感受。通过建立数字化的幸福感监测系统，政府可以更及时、更精准了解社会民生状况，为政策调整提供科学依据。第五，政府应鼓励社会各界广泛参与，形成多方共建的幸福指数共识。通过社会各界的广泛参与，可以使幸福指数更具民意基础，凝聚全社会的智慧和力量，真正实现人民的更好生活。通过上述研究的深化和拓展，可以更好地构建符合我国国情的幸福指数，为实现全体人民更好生活这一目标提供更为科学和有力的支持。

参 考 文 献

[1] 程恩富，曹立村. 如何建立国内生产福利总值核算体系[J]. 新华文摘，2009(11)：29-32.

[2] 陈彦斌，邱哲圣. 高房价如何影响居民储蓄率和财产不平等[J]. 经济研究，2011(10)：25-38.

[3] 黛安·科伊尔. 重新考虑 国内生产总值[J]. 金融与发展，2017(3)：16-19.

[4] 杜斌，张坤民，温宗国，等. 可持续经济福利指数衡量城市可持续性的应用研究[J]. 环境保护，2004(8)：51-54.

[5] 郭平，李恒. 居民收入分配规范函数及其福利评价——模型及实证分析[J]. 财经研究，2006，32(8)：18-28.

[6] 官皓. 收入对幸福感的影响研究：绝对水平和相对地位[J]. 南开经济研究，2010(5)：56-70.

[7] 黄晨喜. 社会福利[M]. 上海：格致出版社，2009.

[8] 何兴强，杨锐锋. 房价收入比与家庭消费——基于房产财富效应的视角[J]. 经济研究，2019(12)：102-117.

[9] 马广海，许英. 论社会福利：概念和视角[J]. 山东大学学报(哲学社会科学版)，2008(5)：141-146.

[10] 彭大松. 农村劳动力流动对家庭福利的影响[J]. 南京人口管理干部学院学报，2012，28(2)：31-37，42.

[11] 陆地，孙巍. 城镇居民收入的区域分布差距与消费非均衡效应[J]. 华东经济管理，2018，32(9)：80-89.

[12] 刘涛雄，戎珂，张亚迪. 数据资本估算及对中国经济增长的贡献——基于数据价值链的视角[J]. 中国社会科学，2023(10)：44-64.

[13] 田国强，杨立岩. 对"幸福—收入之谜"的一个解答[J]. 经济研究，2006，41(11)：4-15.

[14] 武康平，张国胜，周伟. 民生福利评价的理论与实践[J]. 南京社会科

学，2012(7)：1-7.

[15]吴浩锋，张健强．工业化、城市化与城乡收入差距的研究——以云南为例[J]．中国集体经济，2013(4)：35-37.

[16]叶航．西方经济学效用范式的逻辑缺陷[J]．经济学家，2003(1)：93-97.

[17]叶航．效率与公平：一个建立在基数效用论上的新视角——黄有光新著《效率、公平与公共政策》评析[J]．管理世界，2003(12)：150-153.

[18]杨芯，陆小莉．地区经济发展不平衡的演变轨迹与影响效应[J]．统计与决策，2023(10)：105-110.

[19]颜色，朱国钟．"房奴效应"还是"财富效应"？——房价上涨对国民消费影响的一个理论分析[J]．管理世界，2013(3)：34-47.

[20]厉以宁．当代西方宏观福利理论述评[J]．世界经济，1983(7)：42-48.

[21]曾国安．20世纪70年代末以来中国居民收入差距的演变趋势、现状评价与调节政策选择[J]．经济评论，2002(5)：35-46.

[22]朱荣科，赵亚乔．福利经济思想的重新表述与学科诞生[J]．财经问题研究，1998(7)：69-71.

[23]赵毅，陈丕．我国城乡居民收入差距演变及影响因素分析[J]．大连干部学刊，2013，29(8)：50-54.

[24]赵西亮，梁文泉，李实．房价上涨能够解释中国城镇居民高储蓄率吗？——基于CHIP微观数据的实证分析[J]．经济学(季刊)，2013(4)：81-102.

[25]周义，李梦玄．考虑不平等因素的农村福利指数构造及实测[J]．中国人口·资源与环境，2013，23(6)：66-71.

[26]张坤民，孙荣庆．中国环境污染治理投资现状与发展趋势分析[J]．中国环境科学，1999(2)：97-101.

[27]黄有光．效率，公平与公共政策[M]．北京：社会科学文献出版社，2003.

[28]胡鞍钢．中国：挑战腐败[M]．杭州：浙江人民出版社，2001.

[29]刘尚希．共同富裕与人的发展：中国的逻辑与选择[M]．北京：人民日报出版社，2022.

[30]周国梅，周军．绿色国民经济核算国际经验[M]．北京：中国环境科学出版社，2009.

[31]周良才，赵淑兰．社会福利服务(第二版)[M]．北京：北京大学出版社，2019.

[32][美]哈里·兰德雷斯，大卫·C·柯南德尔．经济思想史[M]．周文，译.

北京：人民邮电出版社，2011.

[33][美]米香 E J. 经济增长的代价[M]. 任保平，梁炜，等，译. 北京：机械工业出版社，2011.

[34][美]保罗·萨缪尔森. 经济学[M]. 北京：商务印书馆，2013.

[35][美]索尔斯坦·凡勃仑. 有闲阶级论[M]. 蔡受百，译. 北京：商务印书馆，2016.

[36][英]杰里米·边沁. 道德与立法原理导论[M]. 时殷弘，译. 北京：商务印书馆，2000.

[37][英]亚当·斯密. 国民财富的性质与原理[M]. 赵东旭，丁毅，译. 南昌：江西教育出版社，2014.

[38][英]阿瑟·赛西尔·庇古. 福利经济学[M]. 朱泱，等，译. 北京：商务印书馆，2006.

[39][英]伯特兰·罗素. 西方哲学史(上卷)[M]. 何兆武，李约瑟，译. 北京：商务印书馆，1963.

[40][奥]约瑟夫·熊彼特. 经济分析史(第1卷)[M]. 朱映，等，译. 北京：商务印书馆，1991.

[41][印]阿马蒂亚·森. 集体选择与社会福利[M]. 胡的的，胡毓达，译. 上海：上海科学技术出版社，2004.

[42][印]阿马蒂亚·森. 伦理学与经济学[M]. 王宇，王文玉，译. 北京：商务印书馆，2014.

[43][印]阿马蒂亚·森. 以自由看待发展[M]. 任赜，于真，译. 北京：中国人民大学出版社，2002.

[44]联合国. 2012年环境经济核算体系中心框架[M/OL]. https：//unstats. un. org/unsd/envaccounting/seearev/CF_trans/SEEA_CF_Final_ch. pdf，2023-04-18.

[45]孙瑛. 中国地区经济增长与收入分配及其差异性研究[D]. 沈阳：辽宁大学，2008.

[46]张伟. 经济福利测度：理论分析与中国经验研究[D]. 武汉：华中科技大学，2010.

[47]李兴裕. 寻租活动损害经济[N]. 南洋商报，2023-08-14.

[48](唐)韩愈. 与孟尚书书[M/OL]. https：//so. gushiwen. cn/shiwenv_1b8 f764e608f. aspx，2022-04-15.

[49]陈鲁南. 试论"社会福利"一词的多义性[J/OL]. http：//www. smjic. org/

index. php/View/920. html，2016-04-07.

[50]冯禹丁．基尼系数混战——官方与民间关于我国基尼系数的测算[N/OL]．http：//www. ciidbnu. org/news/201302/20130203211849706. html，2013-02-03.

[51]李心萍．养老金及时足额发放有保障[N/OL]. http：//www. scio. gov. cn/gwyzclxcfh/cfh/2022n＿16602/2022n04y25r＿16683/xgbdbj＿16690/202208/t20220808_308488. html，2022-02-25.

[52]陈欣．个人养老金制度启程 政策再"推一把"方能行稳致远[N/OL].https：//www. stcn. com/article/detail/746323. html，2022-12-03.

[53]曾毅，周健工，高培勇，汪德华．中国老龄化的新形势[R/OL].https：//www. bimba. pku. edu. cn/dpsbs/xzsq/dsgd/443639. html，2023-06-01.

[54]于泳，杨然．商业养老金融进入发展快车道[N/OL]. bj. news. cn/2022-12/05/c_1129183893. html，2022-08-29.

[55]国家环保总局．环保总局国家统计局发布绿色国民经济核算研究成果[R/OL]．https：//www. mee. gov. cn/gkml/sthjbgw/qt/200910/t20091023_180018. htm，2023-04-18.

[56]国家统计局．中华人民共和国 2022 年国民经济和社会发展统计公报[R/OL]．https：//www. stats. gov. cn/xxgk/sjfb/zxfb2020/202302/t20230228＿1919001. html，2022-02-28.

[57]中共中央国务院．关于优化生育政策促进人口长期均衡发展的决定[EB/OL]．https：//www. gov. cn/zhengce/2021-07/20/content＿5626190. html，2021-07-20.

[58]中国政府网．中国妇女发展纲要（2021—2030 年）[EB/OL]．https：//www. nwccw. gov. cn/2021-09/27/content_295777. html，2021-09-27.

[59]联合国开发计划署．历史转型中的中国人类发展 40 年：迈向可持续未来[R/OL]．https：//www. undp. org/sites/g/files/zskgke326/files/migration/cn/NHDR-CHN. pdf，2023-05-23.

[60]国际劳工组织，联合国妇女署．中国的照料劳动：发展现状、价值估算及疫情影响[R/OL]．https：//asiapacific. unwomen. org/sites/default/files/2023-11/cn-c383-231025-care-work-in-china-zhongguodezhaoliaolaodong. pdf，2023-10-28.

[61]Alesia A，Rodrik D. Distributive Politics and Economic Growth[J]. Quarterly

Journal of Economic, 1994, 109(2): 465-490.

[62] Alesina A, Di Tella R, MacCulloch R. Inequality and Happiness: Are Europeans and Americans Different? [J]. Journal of Public Economics, 2004, 88(9-10): 2009-2042.

[63] Ada Ferrer-i-Carbonell, Paul Frijters. How Important is Methodology for the Estimates of the Determinants of Happiness? [J]. The Economic Journal, 2004(114): 641-659.

[64] Atkinson A B. On the Measurement of Inequality [J]. Journal of Economic Theory, 1970(2): 244-263.

[65] Atkinson A B, Brandolini A. Promise and Pitfalls in the Use of "Secondary" Data-sets: Income Inequality in OECD Countries As a Case Study [J]. Journal of Economic Literature, 2001, 39(3): 771-799.

[66] Arrow K J. Little's Critique of Welfare Economics [J]. The American Economic Review, 1951, 41(5): 923-934.

[67] Arrow K J, Cropper M L, Eads G C, Hahn R W, Lave L B, Noll R G, Portney P R, Russell M, Schmalensee R, Smith V K, Stavins R N. Is There a Role for Benefit-cost Analysis in Environmental, Health, and Safety Regulation? [J]. Scinence(Reprint Series), 1996(272): 221-222.

[68] Autor D H, Katz L F, Krueger A B. Computing Inequality: Have Computers Changed the Labor Market? [J]. The Quarterly Journal of Economics, 2003, 113(4): 1169-1213.

[69] Bergson A A. Reformulation of Certain Aspects of Welfare Economics [J]. The Quarterly Journal of Economics, 1938, 52(2): 310-334.

[70] Blanchflower D G, Oswald A J. Well-being Over Time in Britain and the USA [J]. Journal of Public Economics, 2004, 88(7-8): 1359-1386.

[71] Bleys B. Proposed changes to the Index of Sustainable Economic Welfare: An Application to Belgium [J]. Ecological Economics, 2008(64): 741-451.

[72] Bergson A. A Reformulation of Certain Aspects of Welfare Economics [J]. The Quarterly Journal of Economics, 1938, 52(2): 310-334.

[73] Brown M. Using Gini-Style Indices to Evaluate the Spatial Patterns of Health Practitioners: Theoretical Considerations and an Application Based on Alberta Data [J]. Social Science & Medicine, 1994, 38(9): 1243-1256.

[74] Clark A E, Frijters P, Shields M A. Relative Income, Happiness, and Utility:

An Explanation for the Easterlin Paradox and Other Puzzles[J]. Journal of Economic Literature, 2008, 46(1): 95-144.

[75] Costanza R, et al. The Value of the World's Ecosystem Services and Natural Capital[J]. Nature, 1997, 387(6630): 253-260.

[76] Costanza R, Erickson J, Fligger K, Adams A, Adams C, Altschuler B, Balter S, Fisher B, Hike J, Kelly J, Kerr T, McCauley M, Montone K, Rauch M, Schmiedeskamp K, Saxton D, Sparacino L, Tusinski W, Williams L. Estimates of the Genuine Progress Indicator (GPI) for Vermont, Chittenden County and Burlington, from 1950 to 2000[J]. Ecological Economics, 2004 (51): 139-155.

[77] Coyle D. Modernising Economic Statistics: Why It Matters [J]. National Institute Economic Review 234, 2015(11): F4-F8.

[78] Daly H E, Cobb J B. The Green National Product: A Proposed Index of Sustainable Economic Welfare[J]. Lanham: University of American, 1994: 97-110.

[79] Diener E, Oishi S, Lucas R E. National Accounts of Subjective Well-being [J]. American psychologist, 2015, 70(3): 234-242.

[80] Dolan P, Peasgood T, White M. Do We Really Know What Makes Us Happy? A Review of the Economic Literature on the Factors Associated with Subjective Well-being[J]. Journal of Economic Psychology, 2008, 29(1): 94-122.

[81] Easterlin R A. Does Economic Growth Improve the Human Lot? Some Empirical Evidence[J]. Social Indicators Research, 1980, 8(2): 199-221.

[82] El Serafy S. The Proper Calculation of Income from Depletable Natural Resources[C]//Ahmad Y J, Serafy S E, Lutz E. (Eds) Environmental Accounting for Sustainable Development [C]. An UNDP-World Bank Symposium, World Bank, Washington, DC. 1988: 10-18.

[83] Gastwirth J L. The Estimation of the Lorenz Curve and Gini Index[J]. The Review of Economics and Statistics, 1972, 54 (3): 306-316.

[84] Hicks J R, Allen R G. A Reconsideration of the Theory of Value [J]. Economica, 1934(1): 52-76.

[85] Hirschman A O, Rothschild M. The Changing Tolerance for Income Inequality in the Course of Economic Development [J]. The Quarterly Journal of Economics, 1973, 87(4): 544-566.

[86] Kaldor N. Welfare Propositions of Economics and Interpersonal Comparisons of Utility[J]. The Economic Journal, 1939(49): 549-552.

[87] Kahneman D, Deaton A. High Income Improves Evaluation of Life But Not Emotional Well-being[C]. Proceedings of the National Academy of Sciences, 2010, 107(38): 16489-16493.

[88] Kapteyn A, Van Herwaarden F G. InterdependentWelfare Functions and Optimal Income Distribution[J]. Journal of Public Economics, 1980, 14(3): 375-397.

[89] Kuznets S. Economic Growth and Income Inequality [J]. The American Economic Review, 1955, 45(1): 1-28.

[90] Lawn P A. AnAssessment of the Valuation Methods Used to Calculate the Index of Sustainable Economic Welfare (ISEW), Genuine Progress Indicator (GPI), and Sustainable Net Benefit Index (SNBI)[J]. Environment, Development and Sustainability, 2005, 7(2): 185-208.

[91] Lionel R. Interpersonal Comparisons of Utility: A Comment[J]. The Economic Journal, 1938, 48(192): 635-641.

[92] Little I M. Social Choice and Individual Values[J]. The Journal of Political Economy, 1952, 60(5): 422-432.

[93] Lerner A. The Diagrammatical Representation of Cost Conditions in International Trade[J]. Economica, 1932(37): 346-356.

[94] Martin B, Mette G, Soren L. Housing Wealth and Consumption: A Micro Panel Study[J]. The Economic Journal, 2013(123): 401-428.

[95] Oishi S, Diener E, Lucas R E. The Optimum Level of Well-being: Can People Be Too Happy? [J]. Perspectives on Psychological Science, 2007, 2(4): 346-360.

[96] Samuelson P A. The Pure Theory of Public Expenditure[J]. The Review of Economics and Statistics, 1954, 36(4): 387-389.

[97] Santos T M, Zaratan M L. Mineral Resources Accounting: A Technique for Monitoring the Philippine Mining Industry for Sustainable Development [J]. Journal of Asian Earth Sciences, 1997, 15(2-3): 155-160.

[98] Schwartz J, Winship C. The Welfare Approach to Measuring Inequality[J]. Sociological Methodology, 1980(11): 1-36.

[99] Sen A K. Equality of What? [J]. The Tanner Lectures on Human Values.

Stanford University, 1979: 198-220.

[100] Sen A K. A Decade of Human Development [J]. Journal of Human Development, 2010: 17-23.

[101] Sen A K. The Impossibility of a Paretian liberal [J]. Journal of Political Economy, 1970, 78(1): 152-157.

[102] Sheiner L. Housing Prices and the Savings of Renters [J]. Journal of Urban Economics, 1995(7): 94-125.

[103] Stockhammer E, Hochreiter H, Hobermayr B, Steiner K. The Index of Sustainable Economic Welfare (ISEW) As an Alternative to GDP in Measuring Economic Welfare[J]. The Result of the Austrian (revised) ISEW Calculation, 1955-1992. Ecological Economics, 1997(21): 19-34.

[104] Stymne S, Jackson T. Intra-generationalEquity and Sustainable Welfare: A Time Series Analysis for the UK and Sweden[J]. Ecological Economics, 2000 (33): 219-236.

[105] Max-Neef M. Economic Growth and Quality of Lift: A Threshold Hypothesis [J]. Ecological Economics, 1995, 15(2): 115-118.

[106] Neumayer E. The ISEW: Not an Index of Sustainable Economic Welfare[J]. Social indicators research, 1999, 48 (1): 77-101.

[107] Ng Y. Environmentally Responsible Happy Nation Index: Towards an Internationally Acceptable National Success Indicator [J]. Social Indicators Research, 2008, 85(3): 425-446.

[108] Nordhaus W, Tobbin J. Is Growth Obsolete? [J]. Economic Research: Retrospect and Prospect, Economic Growth, 1972(5): 1-80.

[109] Samuelson P A. Arrow's Mathematical Politics [J]. Human Values and Economic Policy, 1967: 41-51.

[110] Talberth J, Weisdorf M. Genuine Progress Indicator 2.0: Polit Accounts for the US, Maryland and City of Baltimore 2012-2014 [J]. Ecological Economics, 2017(142): 1-11.

[111] Van den Bergh J C J M. The GDP Paradox [J]. Journal of Economic Psychology, 2009, 30(2): 117-135.

[112] Veenhoven R. IsHappiness Relative? [J]. Social Indicators Research, 1991, 24(1): 1-34.

[113] Waring M. Counting for Something! Recognizing Women's Contribution to the

Global Economy through Alternative Accounting Systems [J]. Gender and Development, 2023, 11(1): 35-43.

[114] Ackerman F, Heinzerling L. Priceless: On Knowing the Price of Everything and the Value of Nothing[M]. New York: The New Press, 2005.

[115] Atkinson A B. Economic Inequality and Social Welfare[M]. London: Oxford University Press, 1975.

[116] Atkinson A B. Inequality: What Can Be Done? [M]. London: Harvard University Press, 2015.

[117] Daly H, Cobb J. For the Common Good: Redirecting the Economy toward Community, the Environment, and a Sustainable Future[M]. Boston: Beacon Press, 1989.

[118] Daly H. Beyond Economic Growth: The Economics of Sustainable Development[M]. Boston: Beacon Press, 1996.

[119] Diener E, Lucas R E. Oishi S. Subjective Well-being: The Science of Happiness and Life Satisfaction[M]. Oxford: Oxford University Press, 2002.

[120] Duesenberry J S. Income, Saving, and the Theory of Consumer Behavior (Economic Studies: No. 87) [M]. Cambridge: Harvard University Press, 1949.

[121] Easterlin R. Does Economic Growth Improve the Human Lot? Some Empirical Evidence, Published in Nations and Households in Economic Growth [M]. New York: Academic Press, 1974.

[122] George H. Progress and Poverty: An Inquiry into the Cause of Industrial Depressions and of Increase of Want with Increase of Wealth[M]. New York: D. Appleton and Company, 1881.

[123] Hicks J R. Value and Capital[M]. Oxford: Oxford University Press, 1975.

[124] Inglehart, R. Culture Shift in Advanced Industrial Society [M]. Princeton: Princeton University Press, 1990.

[125] Jackson T, Marks N, Ralls J, Stymne S. Sustainable Economic Welfare in the UK, 1950-1996[M]. London: New Economics Foundation, 1997.

[126] Kuzents S. National Income and Its Composition, 1919-1938[M]. New York: National Bureau of Economic Research, 1941.

[127] Kahneman D, Diener E, Schwarz N. Well-being: The Foundations of Hedonic Psychology[M]. New York: Russell Sage Foundation, 1999.

[128] Nordhaus W D, Tobin J. Is Growth Obsolete? [M]. New York: Columbia University Press, 1972.

[129] Rawls J A. Theory of Justice [M]. Cambridge: Harvard University Press, 1971.

[130] Roemer J E. Equality of Opportunity: Definitions and Implementations [M]. Cambridge: Harvard University Press, 1998.

[131] Robbins L. An Essay on the Nature and Significance of Economic Science [M]. London: Macmillan, 1932.

[132] Pareto V. Cours d'Economic Politicize [M]. Lausanne: F. Rouge, 1896.

[133] Pareto V. Manual of Political Economy: A Critical and Variorum Edition [M]. Oxford: Oxford University Press, 2014.

[134] Perman R J, Ma Y, Common M, Maddison D, McGilvray J W. Natural Resource and Environmental Economics [M]. London: Pearson, 2011.

[135] Samuels W J. Edgeworth's Mathematical Psychics: A Centennial Notice. In: Essays in the History of Mainstream Political Economy [M]. Palgrave Macmillan, London, 1992.

[136] Sen A K. On Economic Inequality [M]. Oxford: Clarendon Press, 1973.

[137] Sen A K, Jean D. Hunger and Public Action [M]. Oxford: Clarendon Press, 1989.

[138] Sen A K. Development as Freedom [M]. New York: Alfred Knopf, 1999.

[139] Sen A K. The Idea of Justice [M]. London: Allen Lane, 2009.

[140] Stiglitz J Z. The Price of Inequality: How Today's Divided Society Endangers Our Future [M]. New York: W. W. Norton & Company, 2012.

[141] Stiglitz J E, Rosengard J K. Economics of the Public Sector [M]. New York: W. W. Norton & Company, 2015.

[142] Waring M. Counting for Nothing. What Men Value and What Woman Are Worth [M]. Toronto: University of Toronto Press, 1999.

[143] Wilkinson R, Pickett K. The Spirit Level: Why Greater Equality Makes Societies Stronger [M]. London: Bloomsbury Publishing, 2011.

[144] Zolotas X. Economic Growth and Declining Social Welfare [M]. New York: New York University Press, 1981.

[145] Latty K. IncomeDistribution, Growth and Social-welfare: Towards an Economic Solution to the Growth-equality Trade-off Problem [D]. Bachelor of

Arts thesis in Political Economy, University of Sydney, 2011.

[146] Stutzer A, Frey B S. Recent Developments in the Economics of Happiness: A Selective Overview[D]. Cheltenham: Edward Elgar Publishing, 2013.

[147] Guenno G, Tiezzi S. The Index of Sustainable Economic Welfare (ISEW) for Italy [R]. Fondazione Enrico Mattei, Milano, Italy, Worknote 5. 98, 1998.

[148] Jackson T, Laing F, MacGillivary A, Marks N, Ralls J, Stymne S. An Index of Sustainable Economic Welfare for the UK 1950-1996 [R]. University of Surrey Centre for Environmental Strategy, Guildford, UK, 1997.

[149] Pearce D, Ulph D A Social Discount Rate for the United Kingdom [R]. CSERGE Working Paper GEC 95-01. London: CSERGE, 1995.

[150] Addati L, Umberto C, Valeria E, Isabel V. Care Work and Care Jobs for the Future of Decent Work[R/OL]. https: //www. ilo. org/global/publications/ books/WCMS_633166/lang--en/index. html, 2018-06-28.

[151] Helliwell J F, Layard R, Sachs J. World Happiness Report 2020[EB/OL]. https: //worldhappiness. report/ed/2020/, 2020-05-01.

[152] ISTAT. 1990-Istituto Nazionale di Statistica. 4°Censimento dell'Agricoltura. Roma, Italy [EB/OL]. http: //www. regione. toscana. it/cif/pubblica/ cen90407/indic 407. html.

[153] ISTAT. 2000-Istituto Nazionale di Statistica. 5°Censimento dell'Agricoltura. Roma, Italy[EB/OL]. http: //censagr. istat. it/toscana. pdf.

[154] ILO. World Social Protection Report 2014/15: Building Economic Recovery, Inclusive Development and Social Justice. Geneva: ILO, 2014 [R/OL]. https://www. ilo. org/wcmsp5/groups/public/—dgreports/—dcomm/documents/ publication/wcms_245201. pdf, 2023-05-23.

[155] Numbeo database. Cost of Living [EB/OL]. https: //www. numbeo. com/ cost-of-living/, 2023-09-15.

[156] United Nations, European Commission, International Monetary Fund, Organisation for Economic Co-operation and Development, World Bank. Integrated Environmental and Economic Accounting 2003 [R/OL]. https: //unstats. un. org/unsd/environment/seea2003. pdf, 2023-04-18.

后　记

在撰写《经济福利：理论分析与中国实证》一书的过程中，笔者对经济福利的相关理论进行了深入挖掘，并结合中国的实证数据进行了翔实分析。这一过程充满了探索与发现，促进笔者更加深刻地理解了福利经济学和经济福利的复杂性和多层次性。通过对经济福利的理论构建和中国实际情况的实证分析，对经济福利的本质和影响因素有了更为清晰的认识。

首先，在理论分析层面，聚焦于经济福利的核心概念与测度方法，深入讨论了福利核算的对象、基数效用的存在性、福利评价手段的选择等问题，为后续的实证研究提供了坚实的理论基础。通过对福利经济学和经济福利测度理论的历史演进的追溯，也对这一学科领域的发展历程有了更加清晰的认识。

其次，通过对中国实证数据的深入分析，揭示了经济福利在中国的演变趋势。尤其是在 1998—2020 年的时段内，观察到可持续经济福利在国内总产值（GDP）中的比重持续上升，这一趋势反映了中国社会对长期福祉的日益关注。同时，也发现在某一阶段，经济增长与经济福利出现了逐渐拉开的差距，引发了对社会公平和环境可持续性的深刻思考。

在实证分析中，进一步分析了影响经济福利的关键因素。教育水平、社会地位、对未来信心、房贷等因素共同塑造了个体的经济福利感受。通过深入的微观层面研究，不仅发现了这些因素的复杂交织关系，还提出了在实现个人经济福利全面提升的过程中的多点发力策略。

最后，完成这本书的创作是一次对学术写作技能的挑战。在整理理论、梳理实证数据的过程中，需不断思考如何更清晰地表达观点，使逻辑更为紧凑。通过这个过程，笔者深刻体会到了学术写作对于思辨能力和表达能力的要求。

完成这本专著不仅让我对经济福利有了更深刻的认识，也提升了我的经济学研究水平和写作能力。在今后的学术研究中，我将继续深入挖掘经济福利的内涵，同时更加注重理论与实证的结合，为经济学领域的发展贡献自己的一分力量。